परमवीर चक्र विजेता

परमवीर चक्र विजेता

(साहस की गौरव-गाथा)

अशोक गुप्ता

शिक्षा भारती

₹ 165

ISBN : 9788174831835

PARAMVEER CHAKRA VIJETA (Biographical Sketches)

by Ashok Gupta

मुद्रक : जी. एस. ऑफसेट, दिल्ली

शिक्षा भारती

1590, मदरसा रोड, कश्मीरी गेट, दिल्ली-110006

परिचय

ऐतिहासिक प्रसंग

विभिन्न देशों की तरह हमारे देश में भी आदिकाल से यह परम्परा रही है कि देश के शत्रुओं से लड़ते समय युद्ध भूमि में दिखाई गई वीरता के लिए योद्धा को सम्मान-पुरस्कार से अलंकृत किया जाता है। बहुत पहले समाज में यह विश्वास प्रचलित था कि युद्धभूमि में शत्रु से लड़ते हुए प्राण दे देने वाला वीर स्वर्ग का अधिकारी होता है। इस नाते यह भावना स्वयं में एक बड़ा पुरस्कार थी, कि योद्धा अपने प्राण गंवा देने तक शत्रु से जूझे।

सम्राट चन्द्रगुप्त के शासन काल में रचा गया ग्रन्थ, रघुवंश यह बताता है कि रणभूमि में बलिदान हो जाने वाला वीर सुन्दर परियों द्वारा स्वर्ग ले जाया जाता है। कौटिल्य के अर्थशास्त्र में यह वर्णित है कि वीरता भरे कृत्यों के लिए आर्थिक पारितोषिक का प्रावधान था और इसके लिए यह अनिवार्य नहीं था कि पराक्रमी व्यक्ति अपने कृत्य के दौरान दिवंगत ही हो जाए। अग्नि पुराण भी ऐसी ही व्यवस्था की ओर संकेत करता है जिसमें वीरों को भूमि तथा अधिकार दिए जाते थे। वराह-मिहिर की रचना बृहत् संहिता में इस बात का वर्णन है कि राजा द्वारा वीर पुरुष को सोने का एक आभूषण प्रदान किया जाता था, जिसे वीर अपने माथे पर मुकुट की तरह धारण करते थे। इसकी चौड़ाई एक इंच होती थी। अजन्ता की गुफाओं में चित्रित वीरों को ऐसा आभूषण पहने देखा जा सकता है। मध्य कालीन युग में मुगलों की परंपरा में बहादुर सिपाही को उपाधि देने का चलन था। प्रायः बहादुरों को खान का खिताब बख्शा जाता था।

आज के स्वतन्त्र भारत में वीरों को युद्ध भूमि में दिखाए गए पराक्रम के लिए सम्मानित करने का विधान लगभग ब्रिटिश काल के तरीके से लिया गया है। भारत में ब्रिटिश परम्परा ने भी अपने शासनकाल में बहुत से तरीकों से यह सम्मान अपने वीरों को दिया, लेकिन ब्रिटिश राज का भी आधुनिक काल उन्नीसवीं सदी से ही गिना जा सकता है जिसमें उसकी व्यवस्था बहुत कुछ नियम बद्ध हो चुकी थी। इसी क्रम में 1856 में विक्टोरिया क्रॉस की शुरुआत हुई थी।

विश्वयुद्धों के दौरान चालीस भारतीयों को भी विक्टोरिया क्रॉस से सम्मानित किया गया था। बाद में धीरे-धीरे भारतीय वीरों को सम्मानित करने की दृष्टि क्षीण होती चली गई और इसका प्रभाव ब्रिटिश सरकार के बदलते हुए नियमों में नज़र आने लगा।

देश के नए युग में

स्वतन्त्र भारत की परम्परा में पराक्रमी वीरों को युद्ध भूमि में दिखाए गए शौर्य के लिए अनेक प्रतीक सम्मान पुरस्कारों का चलन शुरू हुआ। 15 अगस्त 1947 से वर्ष 1950 तक भारत अपना संविधान रचने में ही व्यस्त रहा। 26 जनवरी 1950 को जो विधान लागू हुआ, उसे 15 अगस्त 1947 से प्रभावी माना गया। वह इसलिए जरूरी हुआ, ताकि 1947-48 में हुए भारत-पाक युद्ध के वीरों को, जिन्होंने जम्मू-कश्मीर के मोर्चों पर अपना शौर्य दिखाया, उन्हें भी इन पुरस्कारों से सम्मानित किया जा सके। स्पष्ट है, इन सैनिकों को स्वतन्त्रता के बाद, विक्टोरिया क्रॉस जैसे सद्य विदेशी अलंकरण से सज्जित करने का कोई अर्थ नहीं था।

इस क्रम में, युद्ध भूमि में सैनिक द्वारा दिखाए गए पराक्रम के लिए 1950 में तीन पुरस्कारों का प्रावधान रचा गया जिनको श्रेष्ठता क्रम से नीचे दिया गया है।

1. परमवीर चक्र
2. महावीर चक्र
3. वीर चक्र

वर्ष 1952 में अशोक चक्र का प्रावधान हुआ। यह पुरस्कार गैर युद्ध प्रसंग में वीरता के लिए सैनिकों और गैर सैनिक नागरिकों सब के लिए है। इस पुरस्कार को श्रेष्ठता के तीन स्तरों पर दिया जाता है।

वर्ष 1960 से, सेना मेडल देने का क्रम शुरू किया गया। यह मेडल, थल सेना, वायु सेना तथा नौ सेना, तीनों के लिए अलग-अलग देना तय हुआ। इसको दिए जाने का निर्णय भी वीरता तथा विशिष्ट सेवा के आधार पर किया जाना तय हुआ।

यहाँ हम परमवीर चक्र के वैशिष्ट्य के बारे में विस्तार से बात करेंगे।

परमवीर चक्र वीरता की श्रेष्ठतम श्रेणी में, युद्ध भूमि में प्रदर्शित पराक्रम के लिए दिया जाता है। यह पुरस्कार वीर सैनिक को स्वयं, या मरणोपरान्त दिए जाने की दशा में, उसके प्रतिनिधि को सम्मान पूर्वक प्रदान किया जाता है। इसे देश के तत्कालीन राष्ट्रपति विशिष्ट समारोह में अपने हाथ से प्रदान करते हैं। यह सम्मान सेना के किसी भी स्तर के योद्धा को, चाहे वह मात्र सिपाही हो या अधिकारी, दिया जा सकता है। यह थल सेना, वायु सेना तथा नौ सेना, तीनों ही सेनाओं के लिए समान रूप से देय है। इस पुरस्कार के लिए स्त्री या पुरुष का भी कोई भेद-भाव नहीं है।

इसके वैशिष्ट्य का अनुमान इसी तथ्य से लगाया जा सकता है कि 1947 से लेकर अद्यतन, चार बड़ी लड़ाइयों के बावजूद इसे केवल 21 सैनिक ही पा सके हैं, जिनमें से 14 को यह पुरस्कार मरणोपरान्त मिला है।

नियम और अनुशासन

भारतीय राष्ट्रीय संविधान की संस्तुति से भारतीय राजपत्र में परमवीर चक्र से सम्बन्धित कुछ अधिनियम बाकायदा लिखे गए हैं। इन्हें जानना एक रोचक जानकारी पाने जैसा होगा। यह जानकारी सार्वजनिक रूप से जानने योग्य है। सम्बन्धित अधिनियम यहाँ दिए जा रहे हैं।

- यह अलंकरण एक मेडल के रूप में होगा जिसे परमवीर चक्र कहा जाएगा। इसका प्रारूप प्रामाणिक शिल्प जैसा ही रखा जाएगा।
- अपने प्रामाणिक रूप में यह कांसे का बना हुआ—3/8 इंच व्यास का गोल सिक्के जैसा होगा। उसके एक तरफ, केंद्र में राष्ट्रीय प्रतीक चिह्न उभरा हुआ होगा और उसके चारों तरफ, चार बार इन्द्र के वज्र की आकृति उभरी हुई होगी।

  सिक्के नुमा मेडल के दूसरी तरफ, देवनागरी तथा रोमन लिपियों में परमवीर चक्र उभार कर लिखा होगा और इसके बीच में दो कमल के फूल उभार कर बने होंगे। इस मेडल को एक सीलबन्द तरीके से सुरक्षित रखा जा सकेगा।
- इस मेडल को वर्दी के ऊपर बायीं ओर छाती पर लटकाया जा सकेगा, जिसके लिए इसके साथ सवा इंच चौड़ा बैजनी रंग का रिबन लगा होगा। किन्हीं अवसरों पर यह रिबन, बिना मेडल के भी पहना जा सकता है, उस दशा में रिबन के बीच में इन्द्र के बज्र का छोटा प्रतीक लगाया जाएगा।
- यह चक्र उस अद्वितीय स्तर की वीरता, अद्भुत साहसिक गतिविधि, आत्म बलिदान के लिए दिया जाएगा, जो शत्रु के सामने प्रदर्शित किया गया हो। वह चाहे भूमि पर हुआ हो, समुद्र में, या आकाश में।
- यह चक्र वीर को मरणोपरान्त भी दिया जा सकता है।
- यह चक्र देश के राष्ट्रपति के हाथों प्रदान किया जाएगा।
- इस चक्र से सम्मानित वीरों के नाम तथा उनके कृत्य का ब्योरा राष्ट्रीय राजपत्र में प्रकाशित होगा और उस रजिस्टर में भी दर्ज होगा, जो राष्ट्रपति के निर्देशों के अनुसार रखा जाएगा।
- यदि कोई परमवीर चक्र से सम्मानित पराक्रमी, दुबारा कोई ऐसा कृत्य प्रदर्शित करता है, जिसके लिए उसे यह चक्र दिया जा सके, तब उस दशा में, उसके चक्र के साथ लगे रिबन पर एक रेखा चिन्हित करके

इसे दर्शाया जाएगा। यह रेखा एक से ज्यादा बार भी दिखाई जा सकती है। यह रेखा वीर के रिबन पर मरणोपरान्त भी लगाई जा सकती है। केवल रिबन पहने जाने की दशा में इन्द्र के वज्र का प्रतीक चिह्न रिबन पर बढ़ाया जा सकता है।

- परमवीर चक्र विजेता किन्हीं अवसरों पर इस चक्र का छोटा प्रतिरूप भी पहन सकता है। यह छोटा प्रतिरूप मूल प्रतिरूप से आधे आकार का होगा और वह भी सील बन्द सुरक्षित रखा जा सकेगा।
- परमवीर चक्र पाने वाला कोई भी वीर, यदि वह नौ सेना में, सब लेफ्टिनेंट है या उससे निचले पद पर है, सेना में, सेकेण्ड लेफ्टिनेंट है या उससे निचले पद पर है, या वायु सेना में पायलट अफसर है या उससे नीचे पद पर है, तो जिस दिन से उसे यह चक्र प्रदान किया जाएगा वह एक विशेष पेंशन का अधिकारी होगा और यह पेंशन हर बार यह चक्र मिलने पर बढ़ती जाएगी, जिसका निर्णय राष्ट्रपति करेंगे। चक्र विजेता की मृत्यु के बाद, यह पेंशन उसकी विधवा को आजीवन या उसके पुनर्विवाह तक मिलती रहेगी। इस सम्बन्ध में समय-समय पर राष्ट्रपति के बनाए नियम लागू होंगे।
- इस चक्र का मान सारे पदनामों से ऊपर गिना जाएगा। (यह अधिनियम 26 जनवरी 1980 को निरस्त हो गया)
- राष्ट्रपति को यह अधिकार होगा कि वह किसी भी विजेता को दिया गया यह चक्र रद्द कर दें और उसे आगे मिलने वाली विशेष पेंशन से बाधित कर दें। उस दशा में विजेता का नाम उस रजिस्टर से काट दिया जाएगा और विजेता को वह चक्र वापस लौटाना होगा। राष्ट्रपति अपने अधिकार से यह रद्द किया जाने वाला आदेश, वापस भी ले सकते हैं। उस दशा में विजेता को वह चक्र पुनः प्राप्त हो जाएगा और उसे विशेष पेंशन फिर मिलने लगेगी। उसका नाम रजिस्टर में दुबारा दर्ज हो जाएगा।

किसी भी चक्र के ऐसे रद्द किए जाने या पुनर्नवीनीकरण की दशा में इसकी सूचना भारत के राष्ट्रीय राजपत्र में प्रकाशित की जाएगी।

परमवीर चक्र पाने के लिए अनिवार्य अर्हताएं

- अधिकारी, तथा सभी पदों पर नौ सेना, सेना, तथा वायु सेना में काम कर रहे स्त्री या पुरुष। इसके अतिरिक्त आरक्षित बल, सीमान्त सेना, सेना से सम्बन्धित कोई अन्य विभाग जिन्हें कानूनी तौर पर सशस्त्र सेना के अंग के रूप में मान्यता दी गई हो।
- नर्सिंग सेवाओं और सेना के अस्पतालों में कार्यरत मेट्रन, सिस्टर्स नर्सें तथा इन इकाइयों में स्थायी रूप से या अस्थायी काम कर रहे स्त्री पुरुष भी यह चक्र पा सकते हैं, चाहे वह गैर सैनिक ही क्यों न हों।

यह सारे अधिनियम इस तथ्य का साफ संकेत हैं कि परमवीर चक्र दिए जाने की प्रक्रिया किन्हीं नियमबद्ध व्यवस्था से जुड़ी हुई है तथा भारत के राष्ट्रपति का इसमें सीधा नियन्त्रण है।

परमवीर चक्र : प्रारूप (डिज़ाइन) का विकास

परमवीर चक्र का यह प्रारूप (डिज़ाइन) बेहद प्रतीकात्मक है। इसमें एक ओर भारत की आदिकालीन वीरता का पुट है, जो हमेशा सत्य और सात्विकता की पक्षधर रही है, साथ ही इसमें त्याग और बलिदान की भावना भी प्रकट होती है। यह दोनों बिम्ब भारत के अतीत से जुड़ते हैं और इनमें आधुनिकता का रंग भारत के राजकीय प्रतीक चिन्ह से आता है, जो भारत ने स्वाधीनता के बाद अपनाया है। अशोक की लाट के शीर्ष पर बनी चार सिंह मुखाकृतियां चारों दिशाओं पर निगरानी रखने का भाव देती हैं। यह धर्म निरपेक्ष स्वाधीन भारत का आधुनिक भाव बोध परमवीर चक्र के डिज़ाइन में लाने का अर्थ है।

ऋषि दधीचि की अस्थियों से बना वज्र, भवानी की तलवार स्वाधीन भारत का प्रतीक चिन्ह, जिसके आधार में चक्र अंकित है, यह सब पूरी तरह इस भावना को व्यक्त करता है, जिसके लिए किसी भी पराक्रमी सैनिक को परमवीर चक्र दिया जाता है।

यह डिजाइन हिन्दी, संस्कृत और मराठी की प्रखर विदुषी, भारतीय पौराणिक सन्दर्भों की ज्ञाता, कथकली की नृत्यांगना, तथा हिन्दुस्तानी गायन में प्रवीण **श्रीमति सावित्री खानोतकर** ने तैयार किया था। वह मेजर जनरल खानोतकर की पत्नी थीं। स्वाधीनता के बाद जब एडजुटेंट जनरल, मेजर जनरल हीरा लाल अटल को परमवीर चक्र का डिजाइन बनवाने का काम सौंपा गया, तो उन्हें सुश्री सावित्री का ही नाम ध्यान में आया। उनकी योग्यता किसी भी संशय के परे थी और सावित्री बाई ने इस बात को सत्य भी सिद्ध कर दिखाया।

जहां यह बात चकित कर देने वाली है कि सुश्री सावित्री खानोतकर, जिन्हें बाद में सावित्री बाई के रूप में जाना जाने लगा, मूल रूप से भारतीय नहीं थीं। उनका जन्म जुलाई 1913 को हुआ था। उनकी मां रूसी थीं और पिता हंगरियन। स्विट्जरलैण्ड में जब वह जन्मीं, तब उनका नाम ईवा योत्रे लिण्डा था। वह एक निर्भीक लड़की थीं और सर्दियों में बर्फ पर खेले जाने वाले खेल उन्हें बहुत भाते थे। ऐसे ही एक बार 1929 में उनकी भेंट विक्रम खानोतकर से हुई जो एक युवा और फुर्तीले सेना अधिकारी थे तथा चामोनिक्स में बर्फ पर स्कीइंग का मजा लेने आए थे। यह भेंट मैत्री से प्रेम में बदली और अन्ततः वह दोनों दाम्पत्य सूत्र में बंध गए। मिसेज खानोतकर के रूप में वह 1932 में भारत आईं और भारतीयता में पूरी तरह रच बस गईं। देश की पौराणिक कथाएं प्रसंग, ललित कला, भाषा और

नृत्य संगीत सब उन्हें बांधने लगा और एक दिन वह सामान्य भारतीय नागरिकों से भी कहीं अधिक प्रामाणिक भारतीय बन गईं। भारत आकर वह आजीवन भारत में ही रहीं और 26 नवंबर 1990 को उन्होंने अंतिम सांस ली।

उन्होंने भारत को परमवीर चक्र का प्रारूप दिया। यह हर्ष की बात थी लेकिन उन्हें क्या पता था कि उनका रचा पहला परमवीर चक्र उनकी बेटी के देवर मेजर सोमनाथ शर्मा को ही मरणोपरान्त दिया जाएगा। सोमनाथ शर्मा पाकिस्तान के साथ लड़ते हुए जम्मू-कश्मीर की लड़ाई में 3 नवम्बर 1947 को, मात्र पच्चीस वर्ष की आयु में शहीद हुए थे।

परमवीर चक्र प्राप्त सभी 21 वीर सैनिकों की शौर्य गाथा हम इस पुस्तक में दे रहे हैं। साथ में उन्हें दिए गए भारत सरकार के प्रशस्ति पत्र भी हैं। हमें विश्वास है कि यह पुस्तक हमारे वीरों की स्मृति को जिलाए रखने में अपना योगदान देगी।

क्रम

भारत-पाक युद्ध
1948

परमवीर चक्र विजेता

- मेजर सोमनाथ शर्मा
- सेकेन्ड लेफ्टिनेंट रामा राघोबा राने
- कम्पनी हवलदार मेजर पीरू सिंह
- नायक यदुनाथ सिंह
- लांस नायक करम सिंह

मेजर सोमनाथ शर्मा

4 कुमायूं (नं. 1.C. 521)

प्रशस्ति वाचन

3 नवम्बर 1947 को मेजर सोमनाथ शर्मा की टुकड़ी को कश्मीर घाटी के बदगाम मोर्चे पर जाने का हुकुम दिया गया। 3 नवम्बर को प्रकाश की पहली किरण फूटने से पहले मेजर सोमनाथ बदगाम जा पहुंचे और उत्तरी दिशा में उन्होंने दिन के ग्यारह बजे तक अपनी टुकड़ी तैनात कर दी। तभी दुश्मन की करीब पांच सौ लोगों की सेना ने उनकी टुकड़ी को तीन तरफ से घेरकर हमला कर दिया और भारी गोला बारी से सोमनाथ के सैनिक हताहत होने लगे।

सोमनाथ को स्थिति की गम्भीरता का भली-भांति आभास था कि अगर दुश्मन की सेना को वहीं रोक कर नहीं रखा गया तो श्रीनगर शहर तथा हवाई अड्डे को भारी खतरा है। दुश्मन हमहमा के रास्ते श्रीनगर की ओर बढ़ता आ रहा था। ऐसी स्थिति में मेजर सोमनाथ ने अपनी कम्पनी को जवाबी हमले के लिए प्रोत्साहित किया और उनके सामने बहादुरी का आदर्श रखा।

अपनी दक्षता का परिचय देते हुए सोमनाथ ने अपने सैनिकों के साथ गोलियां बरसाते हुए दुश्मन को बढ़ने से रोके रखा। इस दौरान उन्होंने खुद को दुश्मन की गोली बारी के बीच बराबर खतरे में डाला और कपड़े की पट्टियों की मदद से हवाई जहाज को ठीक लक्ष्य की और पहुंचने में मदद की।

इस दौरान, सोमनाथ के बहुत से सैनिक वीरगति को प्राप्त हो चुके थे और सैनिकों की कमी महसूस की जा रही थी। उनका अपना बायां हाथ चोट खाया हुआ था और उस पर प्लास्टर बंधा था। इसके बावजूद सोमनाथ खुद मैग्जीन में गोलियां भरकर बन्दूक धारी सैनिकों को देते जा रहे थे। तभी एक मोर्टार का निशाना ठीक वहीं पर लगा, जहाँ वह मौजूद थे और इस विस्फोट में वह प्राण गंवा बैठे।

मेजर की इस शहादत से जोश में आकर उनके बचे हुए सैनिकों ने दुश्मन से जमकर तब तक लोहा लिया जब तक वह पूरी तरह घिर

नहीं गए। इस बीच उन्होंने दुश्मन को छह घण्टों तक रोके रखा और इतने समय में हमारी दूसरी टुकड़ी ने हमहमा में मोर्चा संभाल लिया।

सोमनाथ शर्मा की बहादुरी तथा रक्षा योजना ने उनके सैनिकों को इतना हौसला दिया कि अपने नायक के शहीद हो जाने के बावजूद वे सब छह घण्टों तक डटे रहे और दुश्मन का सामना करते रहे।

सोमनाथ ने युद्ध भूमि में हिम्मत तथा बहादुरी की वह मिसाल कायम की, जो प्रायः भारतीय सेना के इतिहास में दुर्लभ है। सोमनाथ की, प्राण तजने के बस कुछ ही पहले, अपने सैनिकों के लिए यह ललकार थी :

'दुश्मन हमसे केवल पचास गज की दूरी पर है। हमारी गिनती बहुत कम रह गई है। हम भयंकर गोली बारी का सामना कर रहे हैं फिर भी, मैं एक इंच भी पीछे नहीं हटूंगा और अपनी आखिरी गोली और आखिरी सैनिक तक डटा रहूँगा।'

गज़ट ऑफ इंडिया नोटिफिकेशन
नं. 2 प्रेस/50

शौर्य गाथा

देश के पहले, परमवीर चक्र से सम्मानित वीर, मेजर सोमनाथ शर्मा का जन्म 31 जनवरी, 1923 को जम्मू में हुआ था। उनके पिता मेजर अमरनाथ शर्मा भी सेना में डॉक्टर थे और आर्मी मेडिकल सर्विस के डायरेक्टर जनरल के पद से सेवामुक्त हुए थे।

मेजर सोमनाथ की शुरुआती स्कूली शिक्षा अलग-अलग जगह होती रही, जहां उनके पिता की पोस्टिंग होती थी। लेकिन बाद में उनकी पढ़ाई शेरवुडा, नैनीताल में हुई। मेजर सोमनाथ बचपन से ही खेल-कूद तथा एथलेटिक्स में रुचि रखते थे और स्कूल में काफी लोकप्रिय थे।

मेजर सोमनाथ ने अपना फौजी जीवन 22 फरवरी, 1942 से शुरू किया जब उन्होंने चौथी कुमायूं रेजिमेंट में बतौर कमीशंड ऑफिसर प्रवेश लिया। उनका फौजी कार्यकाल शुरू ही दूसरे विश्व युद्ध के दौरान हुआ और वह मलाया के पास के रण में भेज दिए गए। पहले ही दौर में उन्होंने अपने पराक्रम के तेवर दिखाए और वह एक विशिष्ट सैनिक के रूप में पहचाने जाने लगे।

मेजर सोमनाथ का कीर्तिमान एक गौरव की बात भले ही हो, उसे आश्चर्यजनक इसलिए नहीं माना जा सकता क्योंकि उनके परिवार में फौजी संस्कृति एक परम्परा के रूप में चलती रही थी। उनके पिता यदि चाहते तो एक डॉक्टर के रूप में लाहौर

में अपनी प्रैक्टिस जमा सकते थे, किन्तु उन्होंने इच्छापूर्वक भारतीय सैनिकों की सेवा करना चुना। पिता के अतिरिक्त मेजर सोमनाथ पर अपने मामा की भी गहरी छाप पड़ी। उनके मामा लैफ्टिनेंट किशनदत्त वासुदेव 4/19 हैदराबादी बटालियन में थे तथा 1942 में मलाया में जापानियों से लड़ते हुए शहीद हुए थे।

दिसम्बर 1941 में उन्होंने अपने माता-पिता को एक पत्र लिखा था, जो सबके लिए एक आदर्श की मिसाल बन गया था। उन्होंने लिखा थाः

"मैं अपने सामने आए कर्तव्य का पालन कर रहा हूँ। यहाँ मौत का क्षणिक डर जरूर है, लेकिन जब मैं गीता में भगवान कृष्ण के वचन को याद करता हूँ तो वह डर मिट जाता है। भगवान कृष्ण ने कहा था कि आत्मा अमर है, तो फिर क्या फर्क पड़ता है कि शरीर है या नष्ट हो गया। पिताजी मैं आपको डरा नहीं रहा हूँ, लेकिन मैं अगर मर गया, तो मैं आपको यकीन दिलाता हूँ कि मैं एक बहादुर सिपाही की मौत मरूँगा। मरते समय मुझे प्राण देने का कोई दुःख नहीं होगा। ईश्वर आप सब पर अपनी कृपा बनाए रखे।"...

मेजर सोमनाथ शर्मा के यह मामा कृष्णदत्त वासुदेव अपनी बटालियन में मेकेनिकल ट्रांसपोर्ट ऑफिसर थे तथा उनका नाम वहाँ के रिकॉर्ड में 'लापता, सम्भवतः शहीद' के रूप में दर्ज था। मामा की शहादत से मेजर सोमनाथ इतने प्रेरित थे कि उन्होंने भी हैदराबाद की कुमायूं रेजिमैंट में ही जाने का निर्णय लिया था।

मेजर सोमनाथ के दूसरे भाई सुरेन्द्रनाथ, जिन्हें उनके फौजी दोस्त 'टिन्डी' के नाम से पुकारते थे, फौज में बतौर इंजीनियर पहुंचे थे और इंजीनियर-इन-चीफ होकर रिटायर हुए। सबसे छोटे भाई विश्वनाथ भी आर्मड कोर में बतौर ऑफिसर आए और फौज के सर्वोच्च पद चीफ ऑफ द आर्मी स्टाफ तक पहुँचे।

परिवार की लड़कियां भी इस परम्परा से अछूती नहीं रहीं। मेजर सोमनाथ की बहिन कमला ने भी पिता की तरह फौज में बतौर डॉक्टर काम शुरू किया। उनका विवाह मेजर के.के. तिवारी से हुआ जो मेजर जनरल के पद तक पहुंचे। उनकी बेटी, यानी सोमनाथ की भांजी, उमा तिवारी भी अपनी मां तथा नाना की तरह बतौर डॉक्टर आर्मी मेडिकल कोर में पहुंची तथा लैफ्टिनेंट कर्नल बनीं। उमा की दूसरी बहिन मनोरमा ने भी एक फौजी अफसर से शादी की। मेजर सोमनाथ के भाई सुरेन्द्रनाथ के बेटे गौतम शाडनिक भी आर्मड कोर में लैफ्टिनेंट कर्नल हुए। इस तरह देखा जा सकता है कि मेजर सोमनाथ शर्मा की पारिवारिक पृष्ठभूमि ही फौजियों से अलंकृत रही। उनके परिवार की जड़ें पीछे महाराजा रणजीत सिंह तक जाती हैं, जहाँ एक मामा, महाराजा रणजीत सिंह की फौज में 'तीस हजारी' थे।

फौज में मेजर सोमनाथ की शुरुआत ही गौरवशाली रही। वह विदेशी रण अराकान (मलाया) में, दूसरे विश्व युद्ध के दौरान जापानियों के खिलाफ लड़ रहे थे। उनका एक सैनिक युद्ध भूमि में घायल हुआ। उन्होंने उसे कंधे पर लादा और

दुश्मन की गोलीबारी के बीच से निकलते हुए उसे बाहर लाए, ताकि उसकी उपयुक्त देखभाल की जा सके। उनके इस बहादुरी भरे कारनामे के लिए उनका नाम, 'मेंशन्ड इन डिस्पैचेज' में दर्ज किया गया। दरअसल, यह उनकी पहली दीक्षा थी, जो उन्होंने अन्त तक निभाई।

मेजर सोमनाथ शर्मा के जीवन के निर्णायक युद्ध की भूमिका जम्मू-कश्मीर में तय हुई, जिसके लिए वह 3 नवम्बर, 1947 को रण में उतरे। यह युद्ध की ऐतिहासिक पृष्ठभूमि अंग्रेजों ने भारत छोड़ते-छोड़ते रची थी। उसका जिक्र भी यहाँ करना प्रासंगिक है।

3 जून, 1947 को ब्रिटिश राज ने देश के विभाजन का निर्णय घोषित किया और सभी सामंती रियासतों को यह स्वतन्त्रता दी कि वह चाहें यथावत् बने रहें, या अपने निर्णय के अनुसार भारत या पाकिस्तान, किसी भी देश के साथ स्वयं को जोड़ लें। लगभग सभी रियासतों ने भारत या पाकिस्तान, किसी एक देश में मिल जाना ही ठीक समझा। केवल कुछ ही सामंतों ने स्वतन्त्र रहना चुना। जम्मू-कश्मीर राज्य उन्हीं में से एक था।

15 अगस्त, 1947 को ऐतिहासिक तारीख आ गई। जम्मू-कश्मीर के महाराजा हरि सिंह ने भारत तथा पाकिस्तान दोनों से यथास्थिति का अनुबंध किया। इसके बावजूद, पाकिस्तान की ऐसी धारणा थी कि जनसंख्या के आधार पर यह राज्य उसके पास होना चाहिए। इस राज्य की सीमा भारत तथा पाकिस्तान दोनों से लगी हुई थी।

अक्टूबर के शुरू में ही जम्मू-कश्मीर की लोकप्रिय राजनैतिक पार्टी नैशनल कांग्रेस के नेता शेख मोहम्मद अब्दुल्ला ने दोनों राष्ट्रों, भारत तथा पाकिस्तान से यह अनुरोध किया कि कोई जल्दबाजी न की जाए तथा उन्हें जनमत जानने के लिए कुछ समय दिया जाए। यह प्रस्ताव भारत को तो मंजूर था, लेकिन पाकिस्तान इस दिशा में सब्र नहीं दिखा पाया और यथास्थिति के अनुबंध को तोड़ते हुए उसने कश्मीर के सामने एक कठिन स्थिति, उसकी राशन, खाद्यान्न, ईंधन का तेल, तथा नमक आदि की आपूर्ति जैसी उनके क्षेत्र से जाती थी, बन्द कर के खड़ी कर दी। इससे कश्मीर राज्य दबाव में आ गया।

इस स्थिति से जम्मू-कश्मीर के महाराजा हरि सिंह तथा पाकिस्तान के तत्कालीन प्रधानमन्त्री लियाकत अली खान के बीच सम्बन्धों में खटास पैदा हो गई। महाराजा हरि सिंह ने दबे शब्दों में यह संकेत दिया कि वह ऐसी दशा में 'कहीं और' से सहायता की पेशकश करेंगे।

भारत उस समय देश के बंटवारे से पैदा स्थिति से निपटने में लगा हुआ था। वह इस इन्तजार में भी था कि जम्मू-कश्मीर राज्य अपना निर्णय घोषित करे, जैसा यथास्थिति के प्रस्ताव में समय मांगा गया था। लेकिन पाकिस्तान का मंसूबा कुछ और ही था। वह किसी भी हालत में व्यवस्था के निर्णय की प्रतीक्षा करने को तैयार

नहीं था। ऐसे में पाकिस्तान ने यह निर्णय ले लिया कि वह आक्रमण करके स्थितियों को महाराजा हरि सिंह के हाथ से छीन ही ले।

पाकिस्तान ने उत्तर पश्चिम फ्रंटियर के कबीलाइयों को जुटाया, भूतपूर्व सैनिकों को साथ लिया तथा पाकिस्तानी सेना के वर्तमान तथा भूतपूर्व अधिकारियों को फिर साथ में जोड़ा और 20 अक्टूबर, 1947 को जम्मू-कश्मीर पर कई तरफ से एक साथ हमला बोल दिया।

कबीलाई लोगों को श्रीनगर सड़क के रास्ते भेजा गया, उन्हें 'लूटो और बलात्कार करो' का पाठ पढ़ाया गया तथा उन्हें भरपूर हथियार, गोला-बारूद से लैस कराया गया। उनके साथ तीन सौ फौजी लारियां दी गईं, जिनमें भरपूर पेट्रोल भरा था। ज़ाहिर है कि ऐसा इंतजाम, बिना ब्रिटिश सरकार की फौजी तथा गैर-फौजी मदद के हो ही नहीं सकता था। यानी कि इस षडयन्त्र को ब्रिटिश तन्त्र प्रायोजित कर रहा था।

इस हमले से घबरा कर महाराजा हरिसिंह ने 24 अक्टूबर, 1947 को भारत की ओर देखा। भारत का जवाब स्पष्ट था। बिना जम्मू-कश्मीर का निर्णय जाने, भारत का हस्तक्षेप ठीक नहीं समझा गया था। इस स्थिति के दबाव में महाराजा हरिसिंह ने 26 अक्टूबर को भारत से जुड़ने के अनुबंध पर अपने हस्ताक्षर किए और 28 अक्टूबर, 1948 को औपचारिक रूप से भारत ने यह निर्णय लिया कि वह जम्मू-कश्मीर पर इस पाकिस्तानी हमले में जम्मू-कश्मीर की ओर से लड़ेगा।

तैयारियां शुरू हो गईं। 31 अक्टूबर, 1947 को मेजर सोमनाथ दिल्ली में थे। हॉकी के मैदान में उनका दाहिना हाथ टूट गया था, उस पर प्लास्टर चढ़ा था, तभी आदेश आया था कि मेजर सोमनाथ बदगाम के मोर्चे पर कूच करें। मेजर सोमनाथ के पास हाथ टूटे होने के कारण स्पष्ट सुविधा थी कि वह अपनी असमर्थता ज़ाहिर करके इस कूच से बच जाएं, लेकिन ऐसा उनका स्वभाव कहां था। उन्होंने इसे एक मौके की तरह स्वीकार किया और बदगाम की ओर चल पड़े। इस तरह 161 इन्वेंटरी ब्रिगेड सबसे पहले मोर्चे पर पहुंची।

सूचना यह मिल रही थी कि जिन विभिन्न रास्तों से हमलावार पाकिस्तानी श्रीनगर की ओर बढ़ रहे थे, उनमें से एक बदगाम वाला भी था। बदगाम, श्रीनगर से आठ मील दूर दक्षिण-पश्चिम की ओर बसा एक गांव है, जो वायुसेना के एयरफील्ड से बस दो मील दूर है। दुश्मन का बदगाम पहुंच जाने का मतलब यही था कि एयरफील्ड पर भी खतरा आ गया।

सेना को दो कम्पनियों में सजा कर भेजा गया। कम्पनी 'ए', 4 कुमायूं का नेतृत्व मेजर सोमनाथ कर रहे थे तथा कम्पनी 'डी', 1 पैरा कुमायूं, कैप्टन रोनाल्ड वुड के नेतृत्व में थी। मेजर सोमनाथ एक अनुभवी सेनानी थे तथा उन्होंने दूसरे विश्व युद्ध के दौरान अराकान तथा बर्मा में बेहद कठिन लड़ाई का सामना किया

था। उनका नाम 'मेंशन्ड इन डिस्पैचेज़' में भी दर्ज हो चुका था। लेकिन उनका दाहिना हाथ पहले ही घायल था और उस पर भारी प्लास्टर चढ़ा हुआ था। उन्हें मोर्चे पर भेजे जाते समय यह हिदायत दी गई थी कि प्लास्टर हटने तक वह सेना का संचालन पीछे रह कर ही करें, लेकिन उनका कहना था कि अपने सैनिकों को वह जितना अच्छी तरह जानते हैं उतना कोई नहीं जानता, इसलिए उनका आगे जाना जरूरी है।

मेजर सोमनाथ की दो टुकड़ियां पहले आगे गईं, उसके पीछे-पीछे, कैप्टन रोनाल्ड की टुकड़ियां आईं। इन दोनों कम्पनियों की टुकड़ियों ने अपने-अपने मोर्चे संभाल लिए, लेकिन इन्हें वहाँ बदगाम में दुश्मन की सेना का कोई सुराग नजर नहीं आया। उस एरिया में युद्ध की सम्भावना और उसकी सूचना दी जा चुकी थी। मेजर सोमनाथ को एक खाई में कुछ गैर-फौजी नागरिक जरूर छिपे नजर आए थे और मेजर सोमनाथ को ऐसा लगा था कि वे स्थानीय नागरिक हैं और सुरक्षा के लिए छिपे हैं। इन सारी टुकड़ियों की कमान ब्रिगेडियर एल.पी. सेन संभाल रहे थे। मेजर शर्मा ने और कैप्टन रोनाल्ड ने ब्रिगेडियर को इस स्थिति से अवगत करा दिया।

तभी अचानक खाई में छिपे नागरिकों के वेश में दुश्मन के सैनिकों का हमला हुआ। उन्होंने कश्मीर के स्थानीय पहनावे फिरन के नीचे बन्दूकें छिपा रखी थीं। मेजर सोमनाथ के सैनिक एकदम भौंचक रह गए लेकिन नायक के रूप में मेजर उनके साथ थे। वह अपने सैनिकों का हौसला बढ़ा रहे थे और उनके सैनिक हमले का जवाब दे रहे थे। लेकिन इस हमले में मेजर सोमनाथ के सैनिक बहुत तेजी से हताहत होने लगे। ब्रिगेडियर की ओर से मेजर को हिदायत दी गई कि वह पीछे हट लें, लेकिन मेजर सोमनाथ को पता था कि उस मोर्चे पर नाकामयाब होने का मतलब है, दुश्मन का श्रीनगर तथा एयरफील्ड पर कब्जा, जो सोमनाथ को कतई मंजूर नहीं था। उन्होंने ब्रिगेडियर को यह जवाब दिया कि वह आखिरी गोली और आखिरी सैनिक तक डटे रहेंगे। युद्ध भूमि में वह स्वयं आगे बढ़ कर अपने गनर की मैगज़ीन भर-भर कर देते रहे। उनके सामने रणनीति स्पष्ट थी कि जब तक दूसरी टुकड़ी कमान संभालने न आ जाए, तब तक दुश्मन को रोके रहो। इस रणनीति पर चलते हुए मेजर सोमनाथ ने अपने सैनिकों को भी इसी लक्ष्य के लिए तैयार किया। तभी एक मोर्टार के विस्फोट ने उन्हें अपना निशान बनाया और वह रणभूमि में ही ढेर हो गए। मेजर सोमनाथ शर्मा की आयु उस समय बस पच्चीस वर्ष की थी और वह एक अविवाहित युवक थे। जाते-जाते भी उन्होंने अपने सैनिकों को उत्साहित करने में चूक नहीं की, जिससे उनके मरने के बाद भी उनकी टुकड़ी छह घण्टों तक दुश्मन का रास्ता रोके रही, जिसने शहर तथा एयरफील्ड की रक्षा की। इस तरह 3 नवम्बर, 1947 की तारीख इतिहास में दर्ज हो गई।

वीरगति को प्राप्त होकर मेजर सोमनाथ शर्मा बहादुरी की एक मिसाल छोड़ गए।

यहाँ यह भी बताना जरूरी है कि वह केवल वीर ही नहीं थे, ईमानदार तथा संयमी भी थे। इस सम्बन्ध में एक प्रसंग महत्त्वपूर्ण है। सितम्बर 1945 में कुआलालाम्पुर में जापानियों के आत्मसमर्पण के बाद मेजर सोमनाथ पानी के जहाज से, मलाया से कलकत्ता लौट रहे थे। उनके पास एक अनधिकृत पिस्तौल थी, जो उन्हें जापान के अधिकारी ने भेंट की थी। इसी यात्रा में उनका सामना ब्रिटिश मिलिट्री पुलिस से हुआ। ऐसे में सोमनाथ को यह गवारा नहीं हुआ कि वह इन सिपाहियों को चकमा देकर पिस्तौल छिपा ले आएँ। उन्होंने तुरन्त वह पिस्तौल समुद्र में फेंक कर छुट्टी पाई। ऐसी थी उनकी ईमानदारी की नीयत।

बदगाम की इस उल्लेखनीय वीरता के लिए मेजर सोमनाथ को 'विक्टोरिया क्रॉस' देना तय किया गया था क्योंकि तब तक भारतीय सम्मान चक्रों की शृंखला शुरू नहीं हुई थी। लेकिन यह भी एक दुविधा थी कि स्वतन्त्रता प्राप्ति के बाद ब्रिटिश सम्मान दिए जाने का कोई औचित्य नहीं था। 1951 में भारतीय चक्र सम्मान की शुरुआत हुई और इस क्रम का पहला परमवीर चक्र मरणोपरान्त मेजर सोमनाथ शर्मा को प्रदान किया गया।

जिस मोर्टार ने उनके प्राण लिए उसके आघात से उनका शव क्षत-विक्षत भी हो गया था। युद्ध रुकने के बाद तीसरे दिन उनका शव मिला था जो पहचानने लायक भी नहीं बचा था। फिर भी उन्हें पहचान लिया गया। इसकी कहानी भी बहुत मर्मस्पर्शी है।

बदगाम के मोर्चे पर जाने से पहले वह दिल्ली में थे और उनकी बाँह पर प्लास्टर बँधा था। कूच के पहले की रात उन्होंने अपने बर्मा के साथी मेजर के.के. तिवारी के साथ बिताई थी। वह सोमनाथ के बर्मा के समय से मित्र थे, जो बाद में उनकी छोटी बहिन कमला के पति हुए। उनके साथ की उस रात, पता नहीं क्या हुआ कि मेजर सोमनाथ अपने मित्र से उनकी कोई निशानी माँग बैठे। तिवारी जी ने भी दिल खोल कर कहा, 'कमरे में से जो चाहो, वह उठो लो।'

सोमनाथ ने वहाँ जर्मन की बनी हुई एक आटोमेटिक पिस्तौल देखी और उठा ली...पल भर को तिवारी जी धक्क रह गए, वह उनकी बहुत प्रिय चीज़ थी लेकिन वह भी प्रण के पक्के फौजी थे। वह पिस्तौल सोमनाथ की हो गई।

मौत के बाद मेजर सोमनाथ के शव के साथ उस पिस्तौल का चमड़े का केस सीने से लगा पाया गया जिसमें से पिस्तौल गायब थी। यह केस उनकी पहचान का कारण बना। मेजर सोमनाथ की जेब में गीता के कुछ पृष्ठ भी मिले, जिसे वह हमेशा जेब में रखते थे।

सेकेन्ड लेफ्टिनेंट रामा राघोबा राने

8 बॉम्बे इन्जीनियर्स (नं. 55-14246)

प्रशस्ति वाचन

आठ अप्रैल 1948 को सेकेन्ड लेफ्टिनेंट रामा राघोबा राने को नौशेरा-राजौरी मार्ग के 26वें मील पर जमीनी सुरंग तथा मार्ग अवरोध हटाने का काम सौंपा गया। वह बॉम्बे इन्जीनियर्स कम्पनी के सेकेन्ड लेफ्टिनेंट थे। यह रास्ता देश के पहाड़ी भाग से गुज़रता था।

उसी दिन सुबह ग्यारह बजे, नादपुर उत्तर के पास जब रामा राघोबा और उनका दल एक टैंक के पास अपना काम शुरू करने की तैयारी कर ही रहे थे कि दुश्मन ने मोर्टार से जबरदस्त गोलाबारी शुरू कर दी जिससे जमीनी सुरंग नाकाम करने वाले दो जवान मारे गए और रामा राघोबा समेत पाँच सैनिक घायल हो गए। इस स्थिति को सेकेन्ड लेफ्टिनेंट रामा ने फुर्ती से संभाला और अपने दल और टैंकों को तैयार कर के दूसरे मोर्चे की ओर ले जाने की कोशिश करने लगे। इस काम में उनका पूरा दिन टैंकों के पास दुश्मन की मशीनगन तथा मोर्टार से की जाने वाली भयंकर गोलाबारी के बीच गुजरा।

शाम साढ़े चार बजे बारवाली रिज फतह हो जाने के बाद, हालाँकि रामा राघोबा को एहसास था कि दुश्मन उस इलाके से पूरी तरह हटा नहीं है, वह अपने दल के साथ टैंकों के लिए रास्ता बनाते हुए बढ़ते रहे। रात दस बजे तक उनका काम चलता रहा। इस बीच दुश्मन की ओर से मशीन गन की गोलियों की बौछार भी होती रही।

अगले दिन 9 अप्रैल को सेकेन्ड लेफ्टिनेंट के साथ उनके दल ने सुबह छह बजे से ही काम शुरू कर दिया और शाम तीन बजे उन्होंने तभी दम लिया जब टैंकों के लिए रास्ता साफ हो गया। उसके बाद उनका दल आगे बढ़ता गया। करीब आधा मील बढ़ने के बाद उन्हें रास्ते की अड़चन नजर आई, जो दुश्मन ने चीड़ के पेड़ काटकर रास्ते में बिछाकर बनाई थी। उन्होंने तुरन्त विस्फोट से उस अवरोध को साफ किया। केवल 300 गज आगे उन्हें फिर वैसा ही नज़ारा मिला। उस समय शाम के पाँच बजे रहे थे। पहाड़ी सड़क सर्पीले ढंग से मोड़ ले रही थी। आगे एक पुलिया को ध्वस्त करके रास्ता रोका गया था। सेकेन्ड लेफ्टिनेंट रामा राघोबा ने तुरन्त फुर्ती से काम

शुरू कर दिया तभी अचानक दुश्मन की तरफ से मशीन गनों ने आग उगलनी शुरू कर दी। रामा राघोबा ने हिम्मत से काम लेते हुए अपना रास्ता बदला और अपने दल को आगे बढ़ा ले गए। रास्ते भर में अनगिनत अवरोध मिलते रहे और सेकेन्ड लेफ्टिनेंट रामा राघोबा का दल उन्हें उड़ाकर अपना रास्ता बनाता रहा। शाम सवा छह बजे का समय हो रहा था। रोशनी घट रही थी। आगे काफिले को जबरदस्त रुकावट का सामना करना पड़ा। पाँच बड़े-बड़े चीड़ के पेड़ काटकर रास्ता रोका गया था, जमीनी सुरंगें बिछी थीं, तथा दुश्मन के जवान मशीनगनों से गोलियां बरसा रहे थे। रामा राघोबा ने जमीनी सुरंगें नाकाम करते हुए उस रुकावट को दूर करने का पूरा मंसूबा बनाया, लेकिन स्थिति की सच्चाई को देखते हुए यही ठीक समझा गया कि दल को टैंकों समेत किसी सुरक्षित जगह ले जाया जाय।

10 अप्रैल 1948 को, काम सुबह पौने पाँच बजे से ही शुरू कर दिया गया। सेकेन्ड लेफ्टिनेंट रामा राघोबा ने रुकावटें साफ करना चालू किया, हालाँकि दुश्मन की मशीनगनें भी गोलियों की बौछार किए जा रही थीं। उनके साथ बस टैंकों का एक ट्रूप था।

अपनी इच्छा शक्ति के दम पर सुबह साढ़े छह बजे तक उन्होंने उस रुकावट को दूर कर लिया। आगे का करीब हजार गज का फासला रुकावटों में भरा हुआ था। रास्ते के पुश्ते धमाकों से उड़ा दिए गए थे। इतना ही नहीं, दुश्मन ने बेहद चालाकी से पूरा क्षेत्र मशीनगनों से घेर रखा था। कुल मिलाकर काम का यह हिस्सा सबसे कठिन भी था और जोखिम भरा भी। लेकिन अपनी सूझबूझ, अपने धैर्य तथा नेतृत्व क्षमता के सहारे, अपनी जिन्दगी की परवाह किए बिना सेकेन्ड लेफ्टिनेंट रामा राघोबा ने यह बाधा भी सुबह साढ़े दस बजे तक पार कर ली।

सैन्य दस्ता आगे बढ़कर सड़क छोड़कर तावी नदी के किनारे उतर गया लेकिन रामा राघोबा एडमिनिस्ट्रेटिव दस्ते के लिए रास्ता साफ करने के लिए बढ़ते ही रहे। दोपहर दो बजे तक सब टैंक चिंगास पहुँच गए। उस रात भी, बिना कुछ खाए, बिना आराम किए, सेकेन्ड लेफ्टिनेंट रामा राघोबा ने रात नौ बजे तक काम किया।

अगले दिन फिर उन्होंने सुबह 6 बजे से चिंगास का रास्ता साफ किया जो दोपहर ग्यारह बजे तक पूरा हो गया। उसके बाद भी रात दस बजे तक वह सड़क से रुकावट हटाने के काम में लगातार लगे रहे।

गज़ट ऑफ इंडिया नोटिफिकेशन्स नं. 5 प्रेस/50

ब्रिटिश सरकार ने भारत की आजादी की घोषणा के साथ दो जटिल समस्याओं के बीज भारत के लिए बोए जिनका भविष्य देश उस समय नहीं आंक पाया। पहला तो था देश का विभाजन। अखण्ड भारत से टूट कर एक और देश बना पाकिस्तान। यही नहीं, देश उस समय विभिन्न रिसायतों में बँटा था लेकिन उनमें एक समग्रता की भावना थी। ब्रिटिश सरकार ने देश के विभाजन के साथ यह चारा फेंका कि विभिन्न रियासतों में से जो चाहें वह भारत से जुड़ जाएँ या पाकिस्तान से। इसके अतिरिक्त अंग्रेजों ने एक विकल्प यह भी रखा कि वह चाहें तो स्वतन्त्र सत्ता भी बनाए रख सकती हैं। सभी रियासतों ने अपने निर्णय लिए और उसमें कोई कठिनाई नहीं पैदा हुई लेकिन जम्मू एवं कश्मीर उस समय महाराजा हरि सिंह की रियासत था। हरि सिंह ने भी नेपाल और भूटान की तरह स्वतन्त्र रहना चुना लेकिन उस पर पाकिस्तान की कुदृष्टि लगी हुई थी। इसलिए असमंजस की स्थिति में हरि सिंह ने जनमत जानने के लिए अपना निर्णय देने से पहले कुछ समय माँगा। भारत के लिए इसमें कोई दुविधा नहीं थी लेकिन पाकिस्तान तो भीतरी तौर पर कश्मीर पर नजर गड़ाए हुए था। वह जम्मू-कश्मीर को हड़पने को बैचेन बैठा था इसलिए उसमें इतना सब्र नहीं हुआ कि वह हरि सिंह के निर्णय तक शान्त बैठ सके। उसने पहले तो कश्मीर को जाने वाली वह तेल, अनाज और ईंधन की सारी सप्लाई रोक दी, जो पहले उन्हीं इलाकों से जाती थी, जो अब पाकिस्तान हो गए थे। यह जम्मू कश्मीर के लिए बेहद कठिन स्थिति थी। फिर पाकिस्तान ने कश्मीर पर बाकायदा हमला कर दिया, जिसमें अप्रत्यक्ष रूप से ब्रिटिश राज उसका मददगार बन गया।

यह सब बहुत तेजी से हुआ। 3 जून 1947 को ब्रिटिश राज ने विभाजन का प्रस्ताव रखा था। 15 अगस्त 1947 से विभाजन लागू हुआ और 20 अक्टूबर 1947 को पाकिस्तान ने कश्मीर पर विभिन्न छोरों से फौजी हमला कर दिया। यह स्थिति हरि सिंह के लिए बेहद असहाय कर देने वाली थी। उन्होंने ऐसे में भारत से सहायता की पेशकश की। भारत ऐसी सहायता तब तक नहीं कर सकता था, जब तक हरि सिंह भारत से जुड़ने का निर्णय न व्यक्त करें। हरि सिंह के लिए पाकिस्तान में मिलने की अपेक्षा भारत में मिलना ज्यादा अनुकूल था, क्योंकि हरि सिंह की रियासत हिन्दू बहुल थी और पाकिस्तान मुस्लिम राष्ट्र घोषित हो चुका था। ऐसी स्थिति में 26 अक्टूबर 1947 को महाराजा हरि सिंह ने भारत के पक्ष में अपना निर्णय घोषित किया और जम्मू कश्मीर के तत्कालीन नेता शेख अब्दुल्ला जो कि बहुमत सिद्ध राजनैतिक दल नैशनल कांग्रेस का प्रतिनिधित्व कर रहे थे, भारत के साथ जुड़ गए।

28 अक्टूबर को भारतीय सेना को इस सम्बन्ध में यह दायित्व सौंपा गया कि वह कश्मीर के मोर्चे पर पाकिस्तान का सामना करे और कश्मीर बचाए। चूँकि

यह हमला पाकिस्तान की ओर से कई मोर्चों पर एक साथ किया गया था, तो भारत का जवाब भी उसी के अनुसार कई मोर्चो पर होना था। भारत इस जवाब के लिए तैयार था और इस प्रकार स्वतन्त्र भारत का पहला सैन्य संग्राम अक्टूबर 1947 को पाकिस्तान के विरुद्ध शुरू हुआ, जिसके कारणों में उसकी कश्मीर की ओर ललचाई दृष्टि थी। यह युद्ध लम्बे समय तक चला।

8 अप्रैल 1948 को ऐसे ही एक मोर्चे पर सेकेन्ड लेफ्टिनेंट रामा राघोबा राने को अपना पराक्रम दिखाने का मौका मिला। वह बाम्बे इन्जीनियर्स से जुड़े हुए थे और उनको राजौरी को एक बार फिर से फतह करने के सम्बन्ध में याद किया जाता है।

राघोबा राने का जन्म 26 जून 1918 को धारवाड़ जिले के हवेली गाँव में हुआ था। उनकी प्रारम्भिक शिक्षा, पिता के एक स्थान से दूसरे स्थान पर ट्रांसफर के कारण बिखरी-बिखरी सी हुई। तभी 1930 में असहयोग आन्दोलन शुरू हुआ जिससे राघोबा राने बेहद प्रभावित हुए और ऐसा लगा कि वह इस आन्दोलन में सब कुछ छोड़कर कूद पड़ेंगे। लेकिन इस स्थिति के आने के पहले ही इनके पिता अपने परिवार सहित अपने पैतृक गाँव चेंडिया आ गए।

1940 में दूसरा विश्व युद्ध तेजी पर था। राघोबा के भीतर भी कुछ जोश भरा जीवन जीने की चाह थी तो उन्होंने फौज में जाने का मन बनाया। उनकी इच्छा रंग लाई और 10 जुलाई 1940 को वह बॉम्बे इन्जीनियर्स में आ गए। वहाँ इनके उत्साह और इनकी दक्षता ने इनके लिए बेहतर मौके पैदा किए। यह अपने बैच के 'सर्वोत्तम रिक्रूट' चुने गए। इस पर इन्हें पदोन्नत करके नायक बना दिया गया तथा इन्हें कमांडेंट की छड़ी प्रदान की गई।

ट्रेनिंग के बाद राघोबा 26 इन्फेन्ट्री डिवीजन की 28 फील्ड कम्पनी में आ गए। यह कम्पनी बर्मा में जापानियों से लड़ रही थी। बर्मा से लौटते समय राघोबा राने को दो टुकड़ियों के साथ ही रोक लिया गया और इन्हें यह काम सौंपा गया कि वह बुथिडांग में दुश्मन के गोला बारूद के जखीरे को नष्ट करें और उनकी गाड़ियों को बरबाद कर दें। राघोबा और उनके साथी इस काम को करने में कामयाब हो गए। योजना थी कि इसके बाद नेवी के जहाज इन्हें लेकर आगे जाएँगे। दुर्भाग्य से यह योजना सफल नहीं हो पाई और उन लोगों को नदी खुद पार करनी पड़ी। यह एक जोखिम भरा काम था क्योंकि उस नदी पर जापान की जबरदस्त गश्त और चौकसी लगी हुई थी। इसके बावजूद राघोबा और उनके साथी, जापानी दुश्मनों की नजर से बचते हुए उनको मात देते हुए इस पार आए और इन लोगों ने बाहरी बाजार में अपने डिवीजन के पास अपनी हाजिरी दर्ज की। यह एक बेहद हिम्मत तथा सूझबूझ का काम था, जिसके लिए इन्हें तुरन्त हवलदार बना दिया गया। इसके बाद रामा राघोबा राने लगातार सेना को अपनी बहादुरी, अपनी नेतृत्व क्षमता तथा अपने चरित्र

से प्रभावित करते रहे जिसके फलस्वरूप इन्हें सेकेन्ड लेफ्टिनेंट के रूप में कमीशंड ऑफिसर बनाकर जम्मू कश्मीर के मोर्चे पर तैनात कर दिया गया।

पाकिस्तान के जवाबी हमले को नाकाम करते हुए नौशेरा की फतह के बाद भारतीय सेना ने अपनी नीति में परिवर्तन किया और यह तय किया कि वह केवल रक्षात्मक युद्ध नहीं लड़ेगी बल्कि खुद भी आक्रामक होकर मोर्चे जीतेगी इसी से दुश्मन का मनोबल टूटेगा। इस क्रम में सबसे पहले 18 मार्च 1948 को 50 पैराब्रिगेड तथा 19 इन्फेंट्री ब्रिगेड ने झांगार पर दुबारा जीत हासिल की थी। उसके बाद भारतीय सेना अपनी इसी नीति पर डटी रही थी।

इसके बाद यह निर्णय हुआ था कि दुश्मन पर दबाव बनाए रखते हुए बारवाली रिज, चिंगास तथा राजौरी पर कब्जा जमाया जाय। इस काम के लिए नौशेरा-राजौरी मार्ग का साफ होना बहुत जरूरी था। एक तो भौगोलिक रूप से यहाँ रास्ता पहाड़ी रास्तों की तरह संकरा तथा पथरीला था, दूसरे इस पर दुश्मन ने बहुत सी जमीनी सुरंगें भी बना रखीं थीं। कूच करने के पहले जरूरी था कि उन सुरंगों को नाकाम कर के, सभी तरह के अवरोध वहाँ से हटा दिए जाएँ।

8 अप्रैल 1948 को यह काम बॉम्बे इन्जीनियर्स के इन्हीं सेकेन्ड लेफ्टिनेंट रामा राघोबा राने को सौंपा गया।

दिन में काम शुरू हुआ और शाम तक रिज को फतह कर लिया गया। दुश्मन ने इस हार पर अपना जवाबी हमला किया लेकिन उसे नाकाम कर दिया गया। इस सफलता के लिए रामा राघोबा की विशेष बहादुरी का जिक्र किया जा सकता है।

8 अप्रैल से ही, जैसे ही रामा राघोबा को काम शुरू करना था, दुश्मन की भारी गोलाबारी तथा बमबारी शुरू हो गई थी। इस शुरुआती दौर में ही रामा राघोबा के दो जवान मारे गए और पाँच घायल हो गए। घायलों में रामा राघोबा खुद भी थे। इसके बावजूद रामा राघोबा अपने टैंक के पास से हटे नहीं और दुश्मन की मशीनगन तथा मोर्टार का सामना करते रहे।

रिज को जीत भले ही लिया गया था, लेकिन राघोबा को पूरा एहसास था कि दुश्मन वहाँ से पूरी तरह साफ नहीं हुआ है। इसके बावजूद, रामा ने अपनी पार्टी को एकजुट किया और घुमाव बनाते हुए अपने टैंकों के साथ वह आगे चल पड़े। रात दस बजे वह एक-एक जमीनी सुरंग साफ करते हुए आगे बढ़ते रहे, जब कि दुश्मन की तरफ से मशीनगनें लगातार गोलियों की बौछार कर रही थी।

अगले दिन 9 अप्रैल को फिर एकदम सुबह से ही काम शुरू हो गया जो शाम तीन बजे तक चलता रहा। इस बीच एक घुमावदार रास्ता तैयार था, जो सुरक्षित था और इससे टैंक आगे जा सकते थे। जैसे-जैसे सशस्त्र दल आगे बढ़ा, रामा राघोबा अगली पंक्ति में उनकी अगुवाई करते चले। रास्ते में फिर एक अवरोध चीड़ के पेड़ को गिरा कर बनाया गया था। राघोबा फुर्ती से अपने टैंक से कूद कर नीचे

आए और पेड़ को धमाके से उड़ाकर उन्होंने रास्ता साफ कर लिया। करीब तीन सौ गज आगे फिर वहीं नजारा था। उस समय शाम ढल रही थी और रास्ता ज्यादा घुमावदार होता जा रहा था। अगली बाधा एक उड़ा दी गई पुलिया ने खड़ी की थी। राघोबा अपने दल के साथ इसे भी दूर करने तत्परता से जुट गए। तभी यकायक दुश्मन ने मशीनगन से गोलियाँ चलानी शुरू कर दीं लेकिन यहाँ भी राघोबा ने बेहद चतुराई से अपना रास्ता दूसरी तरफ से काटा और निर्बाध आगे बढ़ गए। इस तरह सशस्त्र सेना ने न जाने कितने मार्ग अवरोधों का सामना किया और सभी को रामा राघोबा के दल ने बहादुरी और चतुराई से निपटा डाला। शाम सवा छह का समय हो रहा था। रोशनी तेजी से घट रही थी और सामने एक बड़ी बाधा मुँह बाए खड़ी थी। चीड़ के पाँच बड़े पेड़ों के सहारे मार्ग अवरोध बनाया गया था। उसके नीचे जमीनी सुरंगे थीं, जिनमें बारूदी विस्फोट का पूरा सामान था और उसके दोनों ओर से मशीनगनों की लगातार गोलाबारी थी जिससे इस अवरोध को दूर कर पाना सरल नहीं लग रहा था। रामा राघोबा इस बाधा को भी हटाने के लिए तत्पर थे लेकिन सशस्त्र टुकड़ी के कमाण्डर को यही ठीक लगा कि टुकड़ी का रास्ता बदल कर कहीं सुरक्षित ठिकाने पर ले जाया जाए।

इस निर्णय के साथ रात बीती लेकिन रामा राघोबा को चैन नहीं था। वह सुबह पौने पाँच बजे से ही उस मार्ग अवरोध को साफ करने में लग गए। दुश्मन की ओर से मशीनगन का वार जारी था। उसके साथ एक टैंक दल भी वहाँ तैनात हो गया था लेकिन रामा राघोबा का मनोबल भी कम नहीं था। वह इस काम में लगे ही रहे और सुबह साढ़े छह बजे, करीब पौने दो घण्टे की मशक्कत् के बाद उन्होंने वह रास्ता साफ कर लिया और आगे बढ़ने की तैयारी शुरू हुई।

अगला हजार गज का फासला जबरदस्त अवरोधों तथा विस्फोटों से ध्वस्त तट-बंधों से भरा हुआ था। इतना ही नहीं, आगे का पूरा रास्ता मशीनगनों की निगरानी मैं था लेकिन रामा राघोबा असाधारण रूप से शान्त तथा हिम्मत से भरे हुए थे। उनमें जबरदस्त नेतृत्व क्षमता थी। वह अपनी टुकड़ी का हौसला बढ़ाने में प्रवीण थे और अपनी टुकड़ी के सामने अपनी बहादुरी और हिम्मत की मिसाल भी रख रहे थे, जिसके दम पर उनका पूरा अभियान उसी दिन सुबह साढ़े दस बजे तक पूरा हो गया।

सशस्त्र टुकड़ी को तो निकलने का रास्ता राघोबा ने दे दिया, लेकिन वह थमे नहीं। सशस्त्र टुकड़ी तावी नदी के किनारे रुक गई लेकिन राघोबा का दल प्रशासनिक दल के लिए रास्ता साफ करने में जुटा रहा। राघोबा के टैंक चिंगास तक पहुँच गए। रामा को इस बात का पूरा एहसास था कि रास्तों का साफ होना जीत के लिए बहुत

जरूरी है, इसलिए वह बिना अन्न-जल के, बिना विश्राम के रात दस बजे तक काम में लगे रहे और सबेरे छह बजे से फिर शुरू हो गए।

11 अप्रैल 1948 को उन्होंने ग्यारह बजे सुबह तक चिंगास का रास्ता एक दम साफ और निर्बाध कर दिया। उनका काम अभी भी पूरा नहीं हुआ था। उसके बाद भी आगे का रास्ता उनको काम में लगाए रहा और रात ग्यारह बजे जाकर उनका काम एक दम पूरा हुआ।

सेकेन्ड लेफ्टिनेंट रामा राघोबा राने ने जिस बहादुरी धैर्य तथा कुशल नेतृत्व से यह काम पूरा किया और भारत को विजय का श्रेय दिलाया, उसके लिए उन्हें परमवीर चक्र प्रदान किया गया। यह सम्मान उन्होंने स्वयं प्राप्त किया।

कम्पनी हवलदार मेजर पीरू सिंह

6 राजपूताना राइफल्स (नं. 2831592)

प्रशस्ति वाचन

उत्तरी तिथवाल की 'डी' कम्पनी में पीरू सिंह (नम्बर 2831592) हवलदार मेजर के रूप में नियुक्त थे और इस कम्पनी को जिम्मेदारी सौंपी गई थी कि वह पहाड़ी पर जमी दुश्मन की टुकड़ी पर हमला करके उसे पर काबू कर ले। दुश्मन ने बहुत सलीके से अपनी मीडियम मशीनगनें लगा कर अपनी रणनीति जमा रखी थी और उसकी ओर से वह सब रास्ते निशाने पर थे, जिनके जरिए उन पर हमला बोला जा सकता था। दुश्मन के बंकरों से ग्रेनेड फेंके जा रहे थे। हवलदार मेजर कम्पनी की एकदम अग्रिम पंक्ति में आगे बढ़ रहे थे।

पीरू सिंह ने देखा कि उसकी आधे से ज्यादा टुकड़ी तबाह हो चुकी है, लेकिन उन्होंने हिम्मत नहीं हारी। पूरे जोश से युद्ध नाद करते हुए उन्होंने अपने बचे हुए जवानों का हौसला बढ़ाया और तेजी से दुश्मन के निकटतम मीडियम मशीनगन दल की ओर बढ़ गए। फटते हुए ग्रेनेड की किर्चें पीरू सिंह के कपड़ों और शरीर को चीरते हुए निकलती जा रही थीं लेकिन पीरू सिंह को इसकी ज़रा भी परवाह नहीं थी और वह अपनी हिफाजत की चिन्ता किए बगैर आगे बढ़ रहे थे। उनके शरीर से खून बह रहा था लेकिन उनका ध्यान उधर नहीं था। उन्होंने उत्तेजना से भरकर एक छलाँग दुश्मन के उस मीडियम मशीनगन के दस्ते पर लगाई और बैनेट से भेदते हुए उन्हें मौत की नींद सुला दिया।

तभी उन्हें एहसास हुआ कि वह अपनी टुकड़ी में लड़ने को बच रहे, एक मात्र योद्धा हैं। बाकी, या तो मौत की नींद सो गए हैं, या बुरी तरह घायल हैं। अचानक एक ग्रेनेड आकर सीधे उनके चेहरे पर लगा। उनका चेहरा और आँखें खून से भीग गई थीं इसके बावजूद उन्होंने रेंग कर लुढ़कते हुए, ग्रेनेड की मार की परवाह किए बगैर दुश्मन की दूसरी पोजीशन की ओर कूच कर दिया।

उन्होंने जोर से युद्ध घोष किया और दूसरी खाई में छिपे दुश्मनों पर संगीन से वार किया और दो सैनिकों को ठिकाने लगा दिया। उनके इस हमले का नजारा उनकी 'सी' कम्पनी के कमाण्डर ने देखा जो पीरू सिंह

की कम्पनी की गोलीबारी में मदद कर रहा था। उसी घायल दशा में हवलदार मेजर पीरू सिंह दूसरी खाई से निकल कर दुश्मन के तीसरे बंकर की ओर बढ़े। इसी वक्त एक गोली आकर सीधे उनके सिर पर लगी और उन्हें दुश्मन की खाई से टकरा कर गिरते देखा गया। यकायक दुश्मन को धमाके की आवाज़ आई जिससे पता चला कि पीरू सिंह का ग्रेनेड अपना काम कर गुजरा है लेकिन तभी, पीरू सिंह ने गोली झेलकर दम तोड़ दिया।

पीरू सिंह ने अपनी बहादुरी भरे कारनामे के लिए अपने प्राणों की आहुति दे दी लेकिन वह अपने साथियों के आगे एक जिन्दा मिसाल छोड़ गए कि अकेले दम पर भी लड़ी गई लड़ाई हिम्मत के बल पर क्या नतीजा दिखाती है।

गज़ट ऑफ इंडिया नोटिफिकेशन
नं. 8 प्रेस/52

शौर्य गाथा

वर्ष 1947-48 में जम्मू कश्मीर क्षेत्र जो लड़ाई का मैदान बन गया था उसके पीछे ब्रिटिश राज द्वारा 3 जून 1947 को की गई वह घोषणा थी, जो उन्होंने देश के विभाजन के साथ-साथ की थी। दरअसल, वह एक चाल थी, जो ब्रिटिश राज की कुटिलता को उजागर कर गई थी, वह भी तब, जब वह भारत को स्वतन्त्र करने का निर्णय बाकायदा घोषित कर चुके थे।

ब्रिटिश राज ने प्रस्ताव किया था कि देश के विभाजन के बाद, अखण्ड भारत की सभी रियासतें यह चुनने के लिए स्वतन्त्र हैं कि वह भारत में रहना चाहती हैं, पाकिस्तान से जुड़ना चाहती हैं, या उन्हें स्वतन्त्र रहना ही मंजूर है। जिन रियासतों ने स्वतन्त्र रहने का रुख दिखाया उनमें महाराजा हरि सिंह का राज्य जम्मू-कश्मीर भी था। उन्होंने इसके निर्णय करने की प्रक्रिया में जनमत जुटाना पसन्द किया, जिसके लिए उन्हें कुछ समय चाहिए था। हरि सिंह ने इसके लिए भारत तथा पाक दोनों से कुछ समय ठहरने का निवेदन किया। भारत ने तो इसे मान लिया लेकिन पाकिस्तान के मंसूबे हर हालत में कश्मीर को पाने के थे। वह सब्र नहीं रख पाया। उसने पहले तो एक रणनीति के तहत, कश्मीर की वह सप्लाई रोक दी जो उसके क्षेत्र से जम्मू कश्मीर हमेशा से पहुँचती थी। इस में राशन, तेल, ईंधन आदि बेहद जरूरी चीजें थीं, जिनका विकल्प कश्मीर राज्य में नहीं था। इसके बाद पाकिस्तान ने पूरे सैन्य बल के साथ कश्मीर पर हमला कर दिया। उसका मकसद महाराजा हरिसिंह पर दबाव डालना था कि वह पाकिस्तान के पक्ष में अपना मत प्रकट करके पाकिस्तान

के हाथ आ जाए। लेकिन हुआ उल्टा। हरि सिंह ने भारत के पक्ष में मत प्रकट किया और साथ ही भारत से मदद माँगी। अब भारत के लिए मदद करना सरल था क्योंकि जम्मू कश्मीर भारत का राज्य हो गया था। 26 अक्टूबर 1947 को महाराजा हरि सिंह ने भारत के पक्ष में अपना मत रखा और 31 अक्टूबर को भारत इस युद्ध में पाकिस्तान का मुकाबला करने आ खड़ा हुआ। यह युद्ध कई मोर्चों पर एक साथ चला। उनमें एक मोर्चा दारापारी का था जहाँ कम्पनी हवलदार मेजर पीरू सिंह वीरगति को प्राप्त हुए। जिस हिम्मत, बहादुरी और सूझ-बूझ से हवलदार मेजर पीरू सिंह ने यह मोर्चा संभाला, उसके लिए उन्हें मरणोपरान्त परमवीर चक्र प्रदान किया गया।

पीरू सिंह का जन्म मई 1918 को राजस्थान के झुँझनू जिले के बेरी गाँव में हुआ था। उनके पिता के तीन बेटे तथा चार बेटियाँ थीं और पीरू सिंह तीनों भाइयों में सबसे छोटे थे।

करीब सात वर्ष की आयु में उन्हें स्कूल भेजा गया लेकिन स्कूल के माहौल में उनका मन नहीं लगा। उनका वहाँ एक साथी से झगड़ा हुआ। इस पर जब उन्हें स्कूल मास्टर ने डाँट लगाई, तब उन्होंने अपनी स्लेट वहीं पटकी और भाग खड़े हुए और पलट कर फिर कभी स्कूल नहीं गए।

उसके बाद उनके पिता ने उन्हें खेती बाड़ी में लगाया। वह एक सम्पन्न किसान थे। खेती में पीरू सिंह ने अपनी रुचि दिखाई। वह अपने पिता की भरपूर मदद करते थे और उन्होंने किसानी का काम समझ लिया था। किसानी के अलावा खेल में भी उनका बहुत मन लगता था। शिकार के तो वह बचपन से बेहद शौकीन थे। इस शौक ने उन्हें कई बार जख्मी भी किया लेकिन यह उससे फिर भी अलग नहीं हुए। तभी से इनके मन में फौजी बनने का अरमान पैदा हुआ।

20 मई 1936 को पीरू सिंह ने फौज में कदम रखा। उन्हें 10/1st पंजाब (झेलम) में ट्रेनिंग के लिए लिया गया, फिर 1 मई 1937 को उन्हें 5/1st पंजाब में नियुक्त कर लिया गया।

फौज में पहुँच कर एक चमत्कार हुआ। जहाँ स्कूल में उन्हें पढ़ाई से गम्भीर अरुचि थी, वहीं फौज में वह पढ़ाई की तरफ से बेहद गम्भीर सैनिक सिद्ध हुए। कुछ ही वर्षों में उन्होंने इण्डियन आर्मी फर्स्ट क्लास सर्टिफिकेट ऑफ एजुकेशन सफलतापूर्वक पा लिया। इसी के आधार पर 17 अगस्त 1940 को वह लांस नायक के रूप में पदोन्नत हो गए। इसी दौरान उन्होंने उत्तर-पश्चिम सीमा पर युद्ध में भाग लिया।

मार्च 1941 में वह नायक बनाए गए। सितम्बर 1941 को वह शिक्षा के बल पर ही पंजाब रेजिमेंटल सेंटर में इंस्ट्रक्टर बने, जहाँ वह अक्टूबर 1945 तक काम करते रहे। फरवरी 1942 में हवलदार के रूप में पदोन्नत हुए। फिर मई 1943 में

वह कम्पनी हवलदार मेजर बन गए। उनकी तरक्की का यह रुझान हमेशा यह बताता रहा कि पीरू सिंह एक कर्मठ, बहादुर एवं जिम्मेदार फौजी हैं।

अप्रैल 1946 में दूसरे महायुद्ध के बाद वह कॉमन वेल्थ आकुपेशन फोर्सेस के साथ जापान भेजे गए, जहाँ वह सितम्बर 1947 तक रहे।

देश की आजादी के बाद उनकी 5/[1st] पंजाब रेजिमेंट राजपूताना राइफल्स की छठी बटालियन से जुड़ गई।

1948 उनके लिए निर्णायक साल था। कश्मीर घाटी के युद्ध में सक्रिय रूप से जूझते हुए उन्होंने पीरकांती और लेडीगनी ठिकानों पर अपनी फतह हासिल की थी। दारापारी का अन्तिम युद्ध भी उन्होंने इसी वर्ष लड़ा।

वर्ष 1948 का बसन्त दुश्मन पर आक्रमण की तैयारी का समय था और उसके बाद आक्रमण की रणनीति तय करने का। मेजर जनरल थिमैया श्री डिवीजन के जनरल ऑफिसर कमांडिंग के पद पर बैठे थे। उनकी नजर मुख्यतः जिस मोर्चे पर थी, वह उरी-डोमिल रोड पर था और ब्रिगेडियर एल.पी. सेन उसके सर्वोच्च अधिकारी थे। योजना के अनुसार 163 इन्फेन्टरी ब्रिगेड को आगे का मोर्चा संभालना था। इस ब्रिगेड की अगुवाई ब्रिगेडियर हरबख्श सिंह के हाथ में थी और उन्हें हण्डवारा से तिथवाल तक अपनी मुहिम बनानी थी ताकि वह दो-तीन दिन के भीतर मुजफ्फराबाद से जितनी ज्यादा हो सके, उतनी फौज का ध्यान उधर से हटा कर हण्डवारा-तिथवाल पर ला सकें। पुंज की ब्रिगेड को बाघ क्षेत्र में दुश्मन की बड़ी फौज को वहाँ उलझा कर रखने का काम सौंपा गया था।

इन दोनों ब्रिगेडों ने अपना काम मई के तीसरे हफ्ते में एक साथ शुरू किया। तिथवाल की तरफ कूच जारी रखा गया और 22 मई को भारत की फौजों ने तिथवाल पर कब्जा कर लिया। 6 राजपूताना राइफल्स ने महत्वपूर्ण पहाड़ी ठिकाने दारापारी पर भी अपना कब्जा जमा लिया था। पाकिस्तान को यह हार बहुत बेचैन किए हुए थी और वह इस बात की जी तोड़ कोशिश में था कि वह हिन्दुस्तानी फौजों को वहाँ से बेदखल कर सके। इसी दारापारी रण में कम्पनी हवलदार मेजर पीरू सिंह की तैनाती थी और वह अपनी टुकड़ी की अगुवाई संभाल रहे थे।

दारापारी एक पहाड़ी ठिकाना है, जो ग्यारह सौ फीट की ऊँचाई पर स्थित है। एक पतला सा रास्ता बहुत सी पहाड़ियों के बीच से गुजरता है जिसमें अनेकों खड़ी चढ़ाइयाँ हैं और वह पथरीली जमीन पर बना हुआ है। राजपूताना राइफल्स की यह छठी बटालियन इस तीस मील लम्बे रास्ते पर चलकर तंगधार से दारापारी पहुँचने के लिए कूच पर थी। बटालियन के पास इन्टेलिजेंस की यह सूचना थी कि इस इलाके में दुश्मन को तैयारी का इतना समय नहीं मिला है, जो वह बाकायदा खाई खोद कर अपने लिए सुरक्षित ठिकाने बना सके। इस नाते जानकारी यह दी गई थी कि यहाँ दुश्मन का दबाव कम रहेगा।

दरअसल, यह जानकारी ठीक नहीं थी और दुश्मन इस क्षेत्र में बहुत मजबूती से अपनी पूरी व्यवस्था के साथ चौकस बैठा था और कूच करते समय छठी बटालियन को इतना समय नहीं मिला था कि वह इन्टेलिजेंस द्वारा दी गई इस सूचना की पुष्टि किसी दूसरे जरिए से कर ले।

योजना यह बनाई गई कि दारापारी पर कब्जा जमाने के लिए आक्रमण रात को डेढ़ बजे, चाँद के छिपने के बाद, अँधेरे का फायदा उठाते हुए, किया जाए। इस योजना को हवलदार मेजर पीरू सिंह, अपनी बटालियन का नेतृत्व करते हुए अंजाम दे रहे थे। जैसे ही भारत की फौज दुश्मन के सुरक्षा के दायरे में पहुँची, उधर से जबरदस्त गोलीबारी होने लगी। इस दौर में भारत के प्लैटून कमाण्डर सूबेदार भीखा सिंह निशाने पर आ गए। इस पर हवलदर मेजर पीरू सिंह ने कमाण्ड संभाली। वह अपनी टुकड़ी का बहादुरीपूर्वक नेतृत्व करते हुए उसे आगे बढ़ाते रहे जब कि दुश्मन की ओर से जानलेवा गोलीबारी रुक नहीं रही थी। दुश्मन के पास कायदे से बनाए हुए बंकर भी थे और खुदी हुई खाइयाँ भी जहाँ उसके जवान जम कर बैठे थे। दुश्मन की मीडियम मशीनगन चौतरफा गोलियाँ उगलते हुए आगे बढ़ने के सभी रास्ते रोके हुए थीं। तीन मीडियम मशीनगन तैनात थीं, जहाँ से कोई आवागमन नहीं हो सकता था। हवलदार मेजर दोनों तरफ से गोलियों और बमबारी के बीच से अपनी टुकड़ी को आगे बढ़ने का हौसला दे रहे थे। हालाँकि उनकी आधी से ज्यादा सेना मारी जा चुकी थी, या घायल होकर नाकाम हो गई थी, पीरू सिंह ने हार नहीं मानी और तीर की तरह तेजी से अपने एकदम नजदीक वाले मीडियम मशीनगन के ठिकाने पर टूट पड़े उनकी बटालियन उनके साथ आगे बढ़ी। सबने जोर से नारा लगाया, 'राजा रामचंद्र की जय' और आगे बढ़ते रहे। गोलियों के साथ-साथ ग्रेनेड्स भी अपना काम कर रहे थे। सभी भारतीय सैनिकों के शरीर छलनी हो जा रहे थे लेकिन सबका हौसला बुलन्द था। पीरू सिंह अपनी जान की परवाह किए बगैर बढ़ते ही जा रहे थे और जल्दी ही वह उस चोटी पर पहुँच गए, जहाँ से गोलियाँ छूट रही थीं। दुश्मन और वह अपनी स्टेनगन से सैनिकों को निशाना बनाते रहे थे।

तभी, अचानक पीरू सिंह ने मशीनगन के एक ठिकाने पर छलाँग लगाई और बैनेट से गनर को खत्म करके मशीनगन को खामोश कर दिया। अब वह अकेले योद्धा बच रहे थे। बाकी या तो खेत रहे थे या इतने घायल थे कि मुकाबला करने में नाकाम थे। तभी दुश्मन का एक ग्रेनेड उनके चेहरे को घायल कर गया। उनका चेहरा खून से तर था इसके बावजूद वह रेंग कर उस मशीनगन वाली खाई से बाहर आए और दूसरी खाई की तरफ बढ़े। वहाँ भी उन्होंने संगीन के वार से वही कहानी दोहराई और मशीनगन को शान्त कर दिया। जब वह तीसरे मशीनगन के ठिकाने

पर वार कर रहे थे, उनके सिर में एक गोली लगी और वह तीसरी खाई की ओर लुढ़क गए लेकिन तभी तीसरी खाई में धमाका हुआ और तीसरी मशीनगन भी खत्म हो गई। वहाँ पीरू सिंह का मरते-मरते फेंका हुआ ग्रेनेड काम कर गया था। साथ ही पीरू सिंह भी शहादत को प्राप्त हुए लेकिन उनके पीछे से आ रही भारतीय कम्पनी ने इस नजारे से जोश में आकर आगे का मोर्चा संभाल लिया और आखिरकार दारापारी पर भारतीय सेना का कब्जा सफलतापूर्वक हो गया।

इस अभियान की सफलता का पूरा श्रेय कम्पनी हवलदार मेजर पीरू सिंह की इस वीरता को जाता है, जिसके चलते न केवल उनकी टुकड़ी बल्कि उनकी दूसरी कम्पनी भी जोश में आकर दुश्मन से जूझ गई। कम्पनी हवलदार मेजर पीरू सिंह ने अपनी बहादुरी से मौत को बार-बार तब तक चुनौती दी जब तक उन्होंने फतह हासिल नहीं कर ली।

नायक यदुनाथ सिंह
1 राजपूत (नं. 27373)

प्रशस्ति वाचन

6 फरवरी 1948 को नायक यदुनाथ सिंह (27373) एक सामने की चौकी पर तैनात थे जिस पर दुश्मन का सीधा निशाना पड़ता था। उस छोटी-सी चौकी पर केवल नौ सैनिकों की रक्षा पंक्ति थी, जबकि मुश्किलें बहुत ज्यादा थीं। दुश्मन ने एक के बाद एक उस चौकी पर हमले करने शुरू किए। दुश्मन बेहद जोश में था कि वह उस चौकी को जीत ले।

चौकी पर पहला हमला बहुत तेजी के साथ दुश्मन ने किया लेकिन नायक यदुनाथ सिंह ने इतनी खूबी से उसका जवाब दिया कि दुश्मन परेशान होकर समझ ही नहीं पाया कि आखिर उनके सामने कितनी सेना है। जबकि यदुनाथ सिंह के पास बस गिने-चुने लोग थे। उन लोगों में चार सैनिक घायल थे लेकिन यदुनाथ सिंह की सूझ-बूझ से उन्हें ऐसे संगठित किया गया था कि पूरा दल दुश्मन का सामना करने को एकदम तैयार था। नायक यदुनाथ सिंह का उत्साह और धैर्य इतना हौसला बना रहा था कि उनकी टुकड़ी दूसरे हमले का सामना करने को पूरी तरह से तैयार थी। दूसरा हमला, पहले से भी ज्यादा तेजी से तथा ज्यादा सैनिकों के साथ दुश्मन ने किया। यदुनाथ की बहादुरी और सूझ-बूझ से उनकी टुकड़ी ने इसका सामना भी कर लिया। यदुनाथ के सैनिक घायल थे, यदुनाथ की खुद को भी दाहिनी बाँह घायल थी फिर भी यदुनाथ अपने गनर से ब्रेन गन लेकर गोलीबारी कर रहे थे। दुश्मन चौकी की ठीक दीवार पर लगा बैठा हुआ था लेकिन इस बार भी यदुनाथ ने अपनी भरपूर समझदारी और चालाकी दिखाई। अपनी जान की परवाह किए बगैर यदुनाथ अपने सैनिकों का हौसला बढ़ाते रहे। यदुनाथ सिंह का गोलीबारी का कौशल इतना चमत्कारी था जैसे वह अपनी पराजय को एकदम जीत में बदल देने वाले हैं। उनके इस तेवर से दुश्मन भगदड़ के साथ पीछे हटने लगा। और इस तरह यदुनाथ सिंह ने दुश्मन के दूसरे हमले को भी नाकाम करते हुए, चौकी को जाने से बचा लिया। अब यदुनाथ के पास कोई सैनिक नहीं बचा था। जो लड़ सके। दुश्मन ने पूरे हौसले से फिर तीसरी बार धावा बोला। उनका हौसला इस बार जबरदस्त था कि वह चौकी पर कब्जा कर ही लेंगे। घायल यदुनाथ

सिंह ने अब इस तीसरे हमले को झेलने की तैयारी अकेले ही की। पूरी हिम्मत के साथ वह स्टेनगन हाथ में लेकर बाहर आए और अकेले ही दुश्मन पर गोली बरसाते हुए बढ़ने लगे। दुश्मन यदुनाथ सिंह के इस कदम से एकदम बौखला उठा। तभी दो गोलियों ने उनको भेद दिया। एक का निशाना उनके सिर पर लगा और दूसरी गोली उनकी छाती पर लगी। और इस तरह बहादुरी से, दुश्मन का सामना करते हुए, यह नॉन कमीशन्ड ऑफिसर बहुत बहादुरी से आत्मबलिदान देते हुए वीरगति को प्राप्त हुए। यदुनाथ सिंह ने जिस बहादुरी से दुश्मन को रोके रखा उससे बड़ी कठिन परिस्थिति में नौशेरा क्षेत्र की रक्षा की जा सकी।

शौर्य गाथा

पाकिस्तान के अक्टूबर 1947 के हमले के बाद जम्मू कश्मीर का युद्ध लम्बे समय तक चला था और इसे कई मोर्चों पर एक साथ लड़ना पड़ा था। उसमें एक मोर्चा नौशेरा सेक्टर के रैनधार का भी था। उस मोर्चे को नायक जदुनाथ सिंह संभाल रहे थे।

इस संग्राम में नायक जदुनाथ सिंह का पराक्रम जानने से पहले यदि इस समूचे युद्ध की पृष्ठभूमि जान ली जाए तो स्थितियाँ ज्यादा साफ होकर समझ में आएंगी।

चालाक ब्रिटिश राज ने 3 जून 1947 को देश के विभाजन की घोषणा की। विभाजन अर्थात् भारत और पाकिस्तान। भारत को धर्मनिरपेक्ष लोकतान्त्रिक देश बनना था और पाकिस्तान को मुस्लिम राष्ट्र। विभाजन की बुनियाद में ही अंग्रेजों ने यह बीज बोए थे।

अंग्रेजों ने उसी दिन सभी रियासतों को यह जानकारी दी कि वह भारत या पाकिस्तान, दोनों में से किसी भी देश में मिलना तय कर सकते हैं अथवा वह स्वतन्त्र रहने का भी निर्णय ले सकते हैं। ज्यादातर रियासतें अपनी भौगोलिक सीमाओं को ध्यान में रखकर अपने चुने हुए देश से मिल गईं लेकिन कुछ ने स्वतन्त्र रहना भी चुना। जम्मू कश्मीर उन्हीं में से एक था। वहाँ महाराजा हरि सिंह का राज्य था।

महाराजा हरि सिंह ने भारत और पाकिस्तान दोनों से यथास्थिति बनाए रखने का अनुबन्ध किया और अपनी प्रजा का मत जानने तक का समय माँगा। कायदे से इस अवधि में महाराजा हरि सिंह को निर्णय लेने तक तटस्थ छोड़ दिया जाना चाहिए था। भारत ने ऐसा ही किया। उसके सामने वैसे भी, विभाजन के बाद पैदा हुई स्थिति से निपटना ज्यादा जरूरी काम था।

पाकिस्तान की सोच इससे फर्क थी। उसकी नजर में जम्मू-कश्मीर उसे ही मिलना चाहिए था, भले ही हरि सिंह की कोई भी राय हो। उसने इन्तजार नहीं किया और 20 अक्टूबर 1947 को कश्मीर पर हमला कर दिया। महाराजा हरि सिंह के लिए यह एक अचानक पैदा हुई स्थिति थी। हमला करने के पहले पाकिस्तान ने हरि सिंह पर दबाव डालने के लिए उनके राज्य में राशन, खाद्यान्न, तेल, तथा ईंधन की सप्लाई बन्द कर दी, जो अब तक वहाँ से जाती रही थी। इससे हरि सिंह सचमुच कठिनाई में आ गए।

परेशान होकर महाराज हरि सिंह ने भारत की ओर मदद की गुहार की। भारत तब तक मदद के बारे में कोई निर्णय नहीं ले सकता था जब तक महाराजा हरि सिंह अपना निर्णय घोषित न कर दें। दबाव में आकर हरि सिंह ने 'यथास्थिति' बनाए रखते हुए भारत से जुड़ाव को स्वीकार कर लिया। 28 अक्टूबर को विधिवत् भारत इस बात के लिए सहमत हुआ कि वह जम्मू-कश्मीर में पाकिस्तान के विरुद्ध अपना हस्तक्षेप दर्ज करे। इस क्रम में पहली कार्यवाही 31 अक्टूबर को शुरू हुई।

20 अक्टूबर 1947 से लेकर 31 अक्टूबर 1947 के बीच महाराज हरि सिंह की सेना पाकिस्तान से अकेले जूझती रही। पाकिस्तान ने एक साथ कई मोर्चों पर हमला बोला था। उनमें से एक मोर्चो टैनधार नौशेरा का भी था। सारे मोर्चों की नजर श्रीनगर पर थी। दुश्मन एयर फील्ड को काबू में लेना चाहता था और उसकी जद्दोजहद जम्मू-कश्मीर में लगातार जारी थी। 31 अक्टूबर के बाद उसका सामना हिन्दुस्तान की फौजों से था जो उनसे लोहा लेने को तैयार होकर आए थे। मुकाबला टक्कर का था, तभी वह बेहद लम्बे समय तक चला था।

इसी 20 अक्टूबर 1947 से चलते आ रहे महासंग्राम का एक दिन था 6 फरवरी 1948 नौशेरा के बचाव के लिए टैनधार पर मोर्चा सधा हुआ था, जिसकी कमान नायक यदुनाथ ने संभाल रखी थी।

नायक यदुनाथ सिंह का जन्म 21 नवम्बर 1916 को शाहजहाँपुर (उत्तर प्रदेश) के गाँव खजूरी में हुआ था। उनके पिता बीरबल सिंह एक किसान थे। यदुनाथ अपने पिता के आठ पुत्रों में से एक थे। उनकी पढ़ाई-लिखाई गाँव के स्कूल में शुरू तो हुई लेकिन उनका पढ़ाई में मन नहीं लगा। उन्हें तो खेल-कूद का ही जबरदस्त नशा था। वह गाँव में सबकी मदद के लिए हाजिर रहते थे और जोखिम भरे कारनामे उनका शौक था।

यदुनाथ में देश भक्ति की भावना बचपन से थी, साथ ही वह हनुमान के भक्त थे और लोग उन्हें 'हनुमान भक्त' कहकर पुकारते भी थे। हनुमान की तरह ही वह अविवाहित भी रहे।

21 नवम्बर 1941 को यदुनाथ सिंह को अपना मनचाहा काम मिल गया। उस समय वह मात्र 26 वर्ष के थे और उन्होंने फौज में प्रवेश किया। उन्हें राजपूत

रेजिमेंट में लिया गया। वहीं उनको जुलाई 1947 में लांस नायक के रूप में तरक्की मिली और इस तरह 6 फरवरी 1948 को वह टैनधार में अपनी टुकड़ी की अगुवाई कर रहे थे और इस जोश में थे कि वह नौशेरा तक दुश्मन को नहीं पहुँचने देंगे।

उस दिन नायक यदुनाथ सिंह मोर्चे पर केवल नौ लोगों की टुकड़ी के साथ डटे हुए थे कि दुश्मन ने धावा बोल दिया। यदुनाथ सिंह अपनी टुकड़ी के लीडर थे। उन्होंने अपनी टुकड़ी की जमावट ऐसी तैयार की, कि हमलावरों को हार कर पीछे हटना पड़ा।

यदुनाथ सिंह के साथ केवल नौ लोग थे, जबकि दुश्मन के पास कहीं ज्यादा सैनिक तथा गोला बारूद था। एक बार मात खाने के बाद दुश्मन ने दुबारा हौसला बनाया और पहले से ज्यादा तेजी से हमला कर दिया। इस हमले में यदुनाथ के चार सिपाही बुरी तरह घायल हो गए। लेकिन यदुनाथ सिंह का हौसला बुलन्द था।

दुश्मन बौखलाया हुआ था। हिन्दुस्तान की फौजों की अलग-अलग मोर्चों पर कामयाबी ने पाकिस्तानी सैनिकों को परेशान किया हुआ था। उनका मनोबल तथा आत्मविश्वास वापस लाने के लिए पाकिस्तानी टुकड़ियों से उनके नायक दूरदराज के इलाकों में हमला करवा रहे थे। उन्होंने 6 हजार सैनिकों की फौज के साथ 2 पंजाब बटालियन से 23/24 दिसम्बर 1947 को झांगर से पीछे हटा दिया था। और अब यह लग ही रहा था कि दुश्मन का अगला निशाना नौशेरा होगा। उसके लिए ब्रिगेडियर उस्मान हर सम्भव तैयारी कर लेना चाहते थे। नौशेरा के उत्तरी छोर पर पहाड़ी ठिकाना कोट था, जिस पर दुश्मन जमा हुआ था। नौशेरा की हिफाजत के लिए यह जरूरी था कि कोट पर कब्जा कर लिया जाए।

1 फरवरी 1948 को भारत की 50 पैरा ब्रिगेड ने रात को हमला किया और नौशेरा पर अपना कब्जा मजबूत कर लिया। इस संग्राम में दुश्मन को जान तथा गोला बारूद का बड़ा नुकसान उठाना पड़ा और हार कर पाकिस्तानी फौज पीछे हट गई।

6 फरवरी का हमला पाकिस्तानी फौजों की, इसी बौखलाहट का नतीजा था। वह बार-बार हमले कर रहे थे। इन्हीं हमलों का मुकाबला करते हुए यदुनाथ सिंह के चार सिपाही घायल होकर नाकाम हो गए थे। यदुनाथ का जोश इस स्थिति का सामना करने के लिए तैयार था। तभी दुश्मन की ओर से तीसरा हमला हुआ।

इस बार दुश्मन की फौज की गिनती काफी थी और वह ज्यादा जोश में भी थे। यदुनाथ सिंह के पास कोई भी बहादुर लड़ने के लिए नहीं बचा था, सभी घायल और नाकाम हो चुके थे। ऐसे में नायक यदुनाथ ने फुर्ती से अपने एक घायल सिपाही से स्टेनगन ली और लगातार गोलियों की बौछार करते हुए बाहर आ गए। इस अचानक आमने-सामने की लड़ाई से दुश्मन एक दम भौचक रह गया। और उसे पीछे हटना

पड़ा। इस बीच ब्रिगेडियर उस्मान सिंह को हालात का अंदाज लग गया था और उन्होंने 3 पैरा राजपूत की टुकड़ी टैनधार की तरफ भेज दी थी। यदुनाथ सिंह को उनके आने तक डटे रहना था। यह एक परीक्षा की घड़ी थी।

तभी अचानक एक सनसनाती हुई गोली आई और यदुनाथ सिंह के सिर को भेद गई। वह वहीं रणभूमि में गिरे और सदा के लिए सो गए।

उनकी इस शहादत से उनके घायल सैनिकों में जोश का संचार हुआ और वह उठ खड़े हुए। तब तक, 3 पैरा राजपूत की टुकड़ी भी वहाँ पहुँच चुकी थी। नौशेरा पर दुश्मन नाकाम ही रहा, लेकिन नायक यदुनाथ सिंह वीर गति को प्राप्त करते हुए और मरणोपरान्त परमवीर चक्र के अधिकारी हुए।

लांस नायक करम सिंह

1 सिख (नं. 22356)

प्रशस्ति वाचन

जम्मू कश्मीर में तिथवाल पर 23 मई 1948 को जीत हासिल की गई थी। इसके बाद दुश्मन ने कई बार यह कोशिश की कि वह रिचमार गली और तिथवाल पर दुबारा कब्जा कर ले। 13 अक्टूबर 1948 को ईद का दिन था और उस मौके पर दुश्मन ने यह इरादा किया कि वह रिचमार गली पर ब्रिगेड लेकर हमला करे और जीत ले, फिर तिथवाल के रास्ते बढ़ते हुए श्रीनगर की घाटी में पहुँच जाए। उस समय लांस नायक करम सिंह रिचमार गली की एक टुकड़ी की कमान संभाले हुए थे।

दुश्मन ने भारी गोलाबारी से अपना हमला शुरू किया। उसके इस हमले में बन्दूक की गोलियाँ और मोर्टार, दोनों की बौछार थी। उनका निशाना इतना अचूक था कि एक भी बंकर उनके हमले से अछूता नहीं रह गया था।

संचार व्यवस्था की खाइयाँ सावधान कर दी गईं। लांस नायक करम सिंह एक-एक खाई में जाकर अपने जवानों की मदद करते और उनका हौसला बढ़ाते कि वह जोश बनाए रखें।

उस दिन दुश्मन ने बारी-बारी से आठ बार हमले किए और एक हमले में वह एक प्लाटून की जगह पर पैर जमाने में कामयाब हो गया। इस पर करम सिंह ने तुरन्त कुछ साथियों के साथ मिलकर दुश्मन पर जवाबी हमला बोल दिया। करम सिंह खुद भी घायल था लेकिन वह हिम्मत बनाए रहा और उसने अपने बैनेट से कई दुश्मनों की जान ले ली।

उस मोर्चे पर लांस नायक करम सिंह ने खुद को एक ऐसा योद्धा साबित किया; जो मुश्किल के समय में जांबाज लड़ाकू की तरह तन कर सामने आता है। उस समय कोई भी मुश्किल उसके हौसले के आगे ठहर नहीं पाती है।

करम सिंह की इस बहादुरी ने उस दिन उनके साथियों को भयंकर हमले का सामना करने की हिम्मत दी। वह सचमुच ऐसा जोश था, जिस पर गर्व किया जा सके और जिसके दम पर तिथवाल को उस दिन बहादुरी से, बचाया जा सका।

गज़ट ऑफ इंडिया नोटिफिकेशन
नं. 2 प्रेस/50

शौर्य गाथा

जम्मू कश्मीर के, 1947 में शुरू हुए युद्ध में तिथवाल और रिचमार गली का घमासान भुलाया जा सकने वाला इतिहास नहीं है। 23 मार्च 1948 को तिथवाल को भारत फतह कर चुका था। उसके बाद चोट खाए साँप की तरह दुश्मन ने एक के बाद एक कई हमले किए ताकि वह रिचमार गली को दुबारा हथिया कर उसके रास्ते तिथवाल पहुँच सके ऐसा ही एक हमला उसने 13 अक्टूबर 1948 को भी किया था।

उस साल 13 अक्टूबर ईद का दिन था। दुश्मन ने एक ब्रिगेड के साथ रिचमार गली पर हमले का मंसूबा बनाया। उसका इरादा था कि रिचमार गली पर कब्जा कर ले, फिर उसके रास्ते तिथवाल जीते और आगे बढ़कर श्रीनगर घाटी पहुँच जाए। उस समय रिचमार गली पर 1 सिख बटालियन तैनात थी, जिसकी अगुवाई लांस नायक करम सिंह कर रहे थे। वह मिलिट्री मेडल प्राप्त एक जांबाज सेनानी थे और दुश्मन का आक्रमण झेलने का उनका पूरा हौसला था।

गोलियों की भारी बौछार और मोर्टार से गोलाबारी के साथ 13 अक्टूबर को दुश्मन ने पूरी बटालियन के साथ हमला किया, जिसे लांस नायक करम सिंह की टुकड़ी ने कड़ा मुकाबला करते हुए नाकामयाब कर दिया।

दुश्मन ने हौसला नहीं छोड़ा और फौजी तैयारी, मशीन गन तथा मोर्टार जुटाई और उसी दिन साढ़े नौ बजे, यानी हार के तीन घंटे बाद ही, फिर बटालियन के साथ हमला बोल दिया। दस बजे दुश्मन ने कम्पनी के मुख्य ठिकाने पर हमला किया। इस हमले में भी करम सिंह की बहादुरी और उसकी टुकड़ी की करामात से दुश्मन के बहुत से जवान मारे गए और उसे हार का मुँह देखना पड़ा।

बौखलाया दुश्मन बिना वक्त गँवाए फिर जबरदस्त और दुरुस्त निशाने के साथ लौटा और उसने मोर्टार से फिर हमला किया। यह हमला भी लांस नायक करम सिंह और उसके जवानों ने नाकाम कर दिया लेकिन इस हमले में 1 सिख मोर्चे के बहुत से बंकर तबाह हो गए। बंकरों की आड़ का खत्म हो जाना एक मुश्किल बात थी। करम सिंह ने अपनी फौरी सूझ-बूझ से एयर फोर्स की माँग की और उसके साथ मिलकर बटालियन दुश्मन को सफलता पूर्वक आगे बढ़ते से रोके रख सके।

इस बीच करम सिंह की टुकड़ी को बटालियन के टोही दस्ते की मदद मिली साथ ही उनके साथ 3 जाट रेजिमेंट की दो कम्पनियाँ और आकर मिल गईं और करम सिंह की अगुवाई में दुश्मन को फिर हार का सामना करना पड़ा। लेकिन इस दौरान 1 सिख बटालियन के सैंतालीस जवान नाकाम थे। दस तो मारे जा चुके थे, तथा सैंतीस घायल थे।

तेरह अक्टूबर को इस विजय गाथा के बीच, लांस नायक करम सिंह ने बहुत कठिन समय भी झेला था और उसका मुकाबला बहादुरी से किया था। करम सिंह खुद तीन दूसरे जवानों के साथ उस बाहरी चौकी पर डटे हुए थे, जो कि दुश्मन के पहले निशाने पर थी। इस बीच एक बेहद कठिन स्थिति सामने आ गई। उनकी गोलियाँ खत्म होने पर आ गईं और साथ के तीन जवानों में दो बुरी तरह घायल हो गए।

इस स्थिति में भी करम सिंह ने न हिम्मत हारी, न संयम खोया। उसने तीसरे साथी के साथ मिलकर दोनों घायलों को कँधे पर लादा और दुश्मन की गोलियों की बौछार के बीच से गुजर कर मुख्य कम्पनी ठिकाने पर आ गए। यहाँ से मुख्य कम्पनी आगे बढ़ रही थी और दुश्मन की भारी गोलाबारी जारी थी। यहाँ फिर लांस नायक ने अपनी बहादुरी का परिचय दिया।

वह दो बार घायल हो चुके थे फिर भी उन्होंने रन से हटने से इन्कार कर दिया। तब तक उनकी प्लांटून के सारे बंकर नष्ट हो चुके थे, तब भी करम सिंह खुद भी लड़ रहे थे, और सामने की खाइयों में जगह बनाए अपने जवानों का हौसला भी बढ़ा रहे थे।

उसके बाद का दुश्मन का पाँचवां हमला तो बहुत ही जबरदस्त था। दुश्मन के दो जवान करम सिंह के एकदम पास पहुँच गए थे। लगा था कि अब करम सिंह गए, लेकिन कमाल की फुर्ती के साथ घायल होने के बावजूद करमसिंह ने खाई के बाहर छलाँग लगाई और बन्दूक की बैनेट भोंक कर दोनों दुश्मनों का काम तमाम कर दिया।

उसके बाद भी दुश्मन ने दो और बार हमला किया लेकिन दोनों बार पराजय का मुँह देखा। इस तरह शाम सात बजे दुश्मन पस्त होकर ठहर गया।

यह पूरा युद्ध वृत्तांत लांस नायक करम सिंह की बहादुरी और सूझबूझ के कारनामों से भरा हुआ था। इसमें उनके नेतृत्व की क्षमता भी खूब सामने आई थी। उन्होंने अपने जवानों को बराबर उत्साह से भरपूर बनाए रखा था। यह सब उनकी गहन कर्त्तव्य निष्ठा का प्रमाण बने, जिसके लिए उन्हें परमवीर चक्र के लिए चुना गया।

लांस नायक 15 सितम्बर 1915 को पंजाब के संगरूर जिले के भालियाँ वाला गाँव में पैदा हुए थे। उनकी इस बहादुरी की कथा सुनकर लग सकता है कि वह बचपन में पढ़ने-लिखने में बहुत तेज और अकलमंद रहे होंगे। लेकिन सच ठीक इसका उल्टा है।

छह बरस की उम्र में करम सिंह को स्कूल भेजा गया और पूरी कोशिश के बाद नतीजा यही निकला कि उन्हें पढ़ा पाना किसी के भी लिए असम्भव है। उनके

पिता सरदार उत्तम सिंह एक सम्पन्न किसान थे। उन्होंने कोशिश की कि करम सिंह खेती बाड़ी में ही लग जाए, लेकिन वहाँ भी उन्हें कामयाबी नहीं मिली। करम सिंह का मन वहां भी रमता नजर नहीं आया और इस तरह वह एक नालायक बच्चे की तरह शुमार किए जाने लगे। दूसरी ओर करम सिंह के मन में साहसिक और रोमांचक जिन्दगी जीने कीं ललक थी और उनके चाचा उनका आदर्श थे, जो फौज में जूनियर कमांडिंग ऑफिसर थे। अपनी ही तरह की इस तबियत के चलते करम सिंह गाँव में कुश्ती और खेल-कूद के चैंपियन कहे जाते थे। साथ ही नालायकियत का तमगा तो उन्हें पहनाया ही जा चुका था।

अपनी आने वाली जिन्दगी में जो तमगे उन्हें सचमुच देश भर का सिरमौर बनाने वाले थे, उनकी बुनियाद 15 सितम्बर 1941 को पड़ी। दूसरा विश्व युद्ध पूरे जोर-शौर से जारी था। उन्हीं दिनों फौज की भर्त्ती का एक मौका उनके गाँव में भी आया, जिसे करम सिंह ने नहीं गँवाया और इस तरह छब्बीस वर्ष की उम्र में करम सिंह एक फौजी जवान बन गए।

रांची में बेहद सरलता से अपनी ट्रेनिंग पूरी करने के बाद उन्हें अगस्त 1942 में सिख रेजीमेंट में लिया गया। वहाँ से ही, करम सिंह ने अपनी धाक एक कुशल नायक के रूप में जमाई और अपने अफसरों को यह आभास दिया कि वह कठिन परिस्थिति में तुरन्त ठीक निर्णय लेने की क्षमता रखने वाले सैनिक हैं। करम सिंह ने अपनी पहचान न सिर्फ लड़ाई के मैदान में बनाई, बल्कि खेल के मैदान में भी वह पीछे नहीं रहे। जहाँ बचपन में वह कुश्ती में अपना नाम रखते थे, वहीं फौज में उन्होंने पोल वॉल्ट तथा ऊँची कूद में नाम रौशन किया।

जम्मू कश्मीर की लड़ाई, जिसने लांस नायक करम सिंह को परमवीर चक्र दिलवाया आखिर हुई क्यों, यह जानना भी कम दिलचस्प नहीं है। साथ ही इसमें यह भी खुलासा किया गया है कि अंग्रेज हमारे देश को आजाद करते-करते भी एक मुश्किल में डाल गए।

3 जून 1947 को फिरंगियों ने देश के बंटवारे की अपनी योजना की घोषणा की। उस समय यह देश छोटी-बड़ी रियासतों में बँटा हुआ था। अंग्रेजों ने यह प्रस्ताव रखा कि रियासतें, जिस किसी भी बँटे हुए हिस्से, हिन्दुस्तान या पाकिस्तान, में मिलना चाहें मिल जाएं या चाहें तो स्वतन्त्र रहने की मर्जी जाहिर करें। लगभग सब रियासतों ने अपना निर्णय लिया। जिन रियासतों ने कहीं भी न मिलना तय किया, जम्मू कश्मीर उनमें से एक रियासत थी, जिसमें महाराजा हरि सिंह की हुकूमत थी। उन्होंने अपनी प्रजा की मर्जी जानने के नाम पर, निर्णय लेने से पहले कुछ समय माँगा जो अंग्रेजों ने दिया। भारत और पाकिस्तान दोनों को इस बीच धैर्य पूर्वक इन्तजार करना था। भारत उस समय बंटवारे की समस्याओं में उलझा हुआ था, इसलिए वह तो उस ओर से खामोश था ही, लेकिन पाकिस्तान तो जम्मू कश्मीर पर आँख गड़ाए बैठा

था। उसे लगता था कि मुस्लिम आबादी तथा सीमा के हिसाब से जम्मू कश्मीर उसे ही मिलना चाहिए।

पाकिस्तान इस इन्तजार में बेचैन हो गया। उसने जम्मू कश्मीर को हमेशा से मिलने वाली राशन, तेल, नमक, किरोसिन आदि की सप्लाई बन्द कर दी। उसका इरादा हरि सिंह पर दबाव डालना था। उसके बाद उसने 20 अक्टूबर 1947 को जम्मू कश्मीर पर सब तरफ से हमला कर दिया।

कश्मीर ने भारत से मदद माँगी तो भारत ने कहा कि चूँकि कश्मीर स्वतन्त्र रहना चाहता है, इसलिए उसका बीच में पड़ना ठीक नहीं है। इस पर घबराकर हरि सिंह ने यथास्थिति बनाए रखते हुए भारत के साथ जुड़ने का प्रस्ताव पत्र लिखा जिसे भारत ने स्वीकार कर लिया। अब लड़ाई भारत और पाकिस्तान की हो गई। भारत इस तरफ अकेला था और पाकिस्तान को ब्रिटिश राज के फौजी और नागरिक, अधिकारियों का गुप-चुप हौसला था। भारत इस युद्ध का हिस्सा 28 अक्टूबर से बना और उसे यह लड़ाई एक साथ कई मोर्चों पर लड़नी पड़ी। बदगाम तथा रिचमार और तिथवाल मोर्चों का हाल तो मेजर सोमनाथ शर्मा तथा लांस नायक करम सिंह की वीरगाथा के रूप में आप पढ़ ही चुके हैं। आगे और भी मोर्चों का हाल सामने आएगा।

मेजर सोमनाथ शर्मा रणभूमि में शहीद हो गए थे जबकि लांस नायक ने न केवल फतह हासिल की, बल्कि अपनी तथा अपनी टुकड़ी की जान भी सलामत रखी, जो देश के लिए कभी आगे काम आए।

जम्मू कश्मीर का समर ही सिर्फ उनकी बहादुरी की कहानी नहीं कहता, उसके पहले दूसरे विश्व युद्ध में भी उन्होंने अपनी वीरता का करिश्मा दिखाया, जिसके लिए उन्हें 14 मार्च 1944 को मिलिट्री मेडल मिला और इस सम्मान के साथ ही उन्हें पदोन्नति देकर लांस नायक भी बनाया गया।

देश को अपने शौर्य से विजय का इतिहास देकर लांस नायक करम सिंह ने एक लम्बा जीवन जिया और वर्ष 1995 में अपने गाँव में उन्होंने शान्ति पूर्वक अन्तिम सांस ली। उस समय उनकी पत्नी गुरदयाल कौर उनके साथ थीं।

संयुक्त राष्ट्र संघ शान्ति-सेना
कांगो युद्ध 1961

परमवीर चक्र विजेता

- कैप्टन गुरबचन सिंह सालारिया
- मेजर धनसिंह थापा

कैप्टन गुरबचन सिंह सालारिया
3/1 गोरखा राइफल्स (नं. I.C. 8947)

प्रशस्ति वाचन

5 दिसम्बर 1961 को 3/1 गोरखा राइफल्स को यह आदेश दिया गया था कि वह काटंगा एलिजाबेथ विला के उस मोड़ के रास्ते को साफ करें, जिसे दुश्मन के सशस्त्र सैनिकों ने अपनी रणनीति के अनुसार, बाधा डालकर बन्द कर दिया था।

योजना यह थी कि दो स्वीडिश सशस्त्र कारों के साथ एक कम्पनी दुश्मन पर सामने से हमला करेगी और कैप्टन गुरबचन सिंह सालारिया गोरखा फौजियों की दो टुकड़ियों और दो स्वीडिश सशस्त्र वाहनों के साथ एयर फील्ड से आने वाले बन्द रास्ते को साफ करने के लिए बढ़ेंगे और सहायक अवरोध सेना की भी भूमिका अदा करेंगे।

अपनी तयशुदा योजना के अनुसार कैप्टन गुरबचन सिंह अपने लक्ष्य की ओर बढ़ते हुए बस करीब 1500 गज दूर थे कि दुश्मन ने भारी गोला बारी शुरू कर दी। यह करीब दोपहर में एक बज कर बारह मिनट का समय था। दुश्मन कहाँ छिप कर गोलियों की बौछार कर रहा है, यह नजर नहीं आ रहा था, बस गोलियाँ छोटी बन्दूकों और आटोमेटिक गन से आ रही थीं और दुश्मन कैप्टन की दाहिनी तरफ कहीं खुदी हुई खाई में बैठा गोली चला रहा था। दुश्मन के पास भी दो सशस्त्र कारें थीं तथा नब्बे सैनिकों का दल था, जो कैप्टन गुरबचन सिंह की छोटी-सी सेना का सामना करने के लिए तैनात था।

उस समय कैप्टन गुरबचन सिंह को समझ में आया कि वह एक-दूसरे अवरोध में फँस गए हैं और दुश्मन उस मोड़ के बन्द रास्ते को खुलने से बचाना चाहता है, जिसके बिना मुख्य लक्ष्य नहीं पाया जा सकता, इसलिए इस अवरोध को पार करना बेहद जरूरी है।

इस निश्चय के साथ कैप्टन सालारिया ने संगीन, खुखरी, ग्रेनेड तथा रॉकेटों का जबरदस्त हमला दुश्मन पर किया। यह एक बेहद बहादुरी से किया गया अचानक आक्रमण था। इसमें कैप्टन ने दुश्मन के चालीस सैनिकों को मार गिराया। उसकी दोनों सशस्त्र कारों को ध्वस्त कर दिया। इस अचानक धावे से दुश्मन पूरी तरह से हताश हो गया और ज्यादा मजबूत

तथा संख्या में अधिक होने के बावजूद मैदान छोड़ कर भाग गया।

कैप्टन गुरबचन सिंह सालारिया की गर्दन में एक गोली ने गहरा घाव कर दिया था लेकिन वह उसकी ओर से बेपरवाह, युद्ध में लगे हुए थे। उनके घाव से लगातार खून बह रहा था और इस तरह उस आटोमेटिक गन से छूटी हुई गोली कैप्टन के लिए प्राण घातक सिद्ध हुई और कैप्टन ने लड़ते हुए दम तोड़ दिया।

कैप्टन की इस बहादुरी के आगे, दुश्मन ऐसा उखड़ा कि फिर दूसरा हमला नहीं कर पाया और इस तरह एलिजाबेथ विला में संयुक्त राष्ट्र संघ का मुख्यालय घेरा बंदी में आने से बच गया।

कैप्टन सालारिया का बहादुरी का यह निजी उदाहरण, जिसमें उन्होंने अपनी जान की परवाह किए बिना दुश्मन को टक्कर दी, सोलह गोरखा सैनिकों के लिए बड़ी प्रेरणा बना और उसने भी बहादुरी पूर्वक लड़ते हुए दुश्मन को भारी नुकसान पहुँचाया। हालाँकि दुश्मन की सेना काफी मजबूत, चतुर तथा गिनती में ज्यादा थी।

कैप्टन गुरबचन सिंह सालारिया का हिम्मत भरा नेतृत्व तथा दृढ़ संकल्प सेना के लिए एक महत्त्वपूर्ण परम्परा बना, जिसमें कैप्टन अपनी जान की परवाह किए बिना दुश्मन से जूझ गए।

गज़ट ऑफ इंडिया नोटिफिकेशन
नं. 8 प्रेस/62

शौर्य गाथा

संयुक्त राष्ट्र संघ की शान्ति सेना के साथ कांगो के पक्ष में बेल्जियम के विरुद्ध बहादुरी पूर्वक प्राण न्योछावर करने वाले योद्धाओं में कैप्टन गुरबचन सिंह सालारिया का नाम लिया जाता है जिन्हें 5 दिसम्बर 1961 को एलिजाबेथ विला में लड़ते हुए अद्‌भुत पराक्रम दिखाने के लिए मरणोपरान्त परमवीर चक्र दिया गया। वह उस समय केवल छब्बीस वर्ष के थे।

कांगो 30 जून 1960 को खूनी संघर्ष के बाद बेल्जियम की दासता से मुक्त हुआ था। लेकिन कांगो वासी बहुत पिछड़े हुए थे इस नाते, उनका व्यावसायिक शोषण बहुत से विदेशी राष्ट्रों द्वारा बेरहमी से किया जा रहा था, जिनमें बेल्जियम भी शामिल था। कांगो की कठिनाइयाँ विकट थीं। एक तो सैनिक विद्रोह को स्थिति थी, दूसरे स्वतन्त्रता के बाद भी बेल्जियम उसका शोषण जारी रखे हुए था। पहले काटांगा उससे अलग किया गया, फिर कासाई। इस सबके पीछे योरोप का भी स्वार्थ कम

नहीं था। ऐसे में कांगो ने संयुक्त राष्ट्र संघ को गुहार लगाई और संयुक्त राष्ट्र संघ ने इस पर अपनी कार्यवाही तुरन्त शुरू कर दी और उसके हस्तक्षेप की स्वीकृति 14 जुलाई को ही दे दी गई।

यहाँ यह बताया जा सकता है कि संयुक्त राष्ट्र संगठन बनने के भी पहले, जब लीग ऑफ नेशन्स बना था, भारत तब से इसका सदस्य था। उसके बाद, 24 अक्टूबर 1945 को जब संयुक्त राष्ट्र संघ का गठन हुआ, तब भारत की गिनती उसे स्थापित करने वाले राष्ट्रों में की गई। संयुक्त राष्ट्र संघ के गठन का मुख्य उद्देश्य विश्व में शान्ति स्थापित करने तथा शान्ति बनाए रखने में आधिकारिक तौर पर अपना हस्तक्षेप रखना था। इसके लिए संघ के पास अपनी गठित सेना भी बनी, जिसमें सदस्य राष्ट्रों के सैनिकों का योगदान है। जाहिर है भारत भी संघ के इस कार्य में सक्रिय है और उसके सैनिक संघ की शान्ति सेना में अपने शौर्य का सहयोग देते हैं। यहाँ, यह बात विशेष रूप से कहे जाने की है, कि ऐसे मोर्चों पर सैनिकों और सेना के अधिकारियों का काम केवल निर्ममता से शत्रु पर टूट पड़ना नहीं होता बल्कि उन्हें परिपक्व तथा सन्तुलित व्यवहार, अनुशासन तथा बेहद समझदारी से पेश आना होता है क्योंकि उनका उद्देश्य वहाँ रन जीतना नहीं होता, बल्कि दूसरे पक्ष में शान्ति की भावना का संचार करना भी होता है। ऐसे दायित्वों के लिए भारत के सैनिक और सेना अधिकार हमेशा प्रशंसित रहे हैं और यह माना जाता है कि शौर्य और पराक्रम के अतिरिक्त मानवीयता भी उनमें भरपूर होती है।

ऐसी ही एक पृष्ठभूमि में 3/1 गोरखा राइफल्स के कैप्टन गुरबचन सिंह सालारिया को संयुक्त राष्ट्र के सैन्य प्रतिनिधि के रूप में एलिजाबेथ विला में दायित्व सौंपा गया था।

24 नवम्बर 1961 को संयुक्त राष्ट्र संघ की सुरक्षा परिषद ने यह प्रस्ताव पास किया था कि संयुक्त राष्ट्र की सेना कांगो के पक्ष में हस्तक्षेप करे और आवश्यकता पड़ने पर बल प्रयोग करके भी विदेशी व्यवसायियों पर अंकुश लगाए। संयुक्त राष्ट्र के इस निर्णय से शोम्बे के व्यापारी आदि भड़क उठे और उन्होंने संयुक्त राष्ट्र की सेनाओं के मार्ग में बाधा डालने का उपक्रम शुरू कर दिया। संयुक्त राष्ट्र के दो वरिष्ठ अधिकारी उनके केन्द्र में आ गए। उन्हें पीटा गया। 3/1 गोरखा राइफल्स के मेजर अजीत सिंह को भी उन्होंने पकड़ लिया था और उनके ड्राइवर की हत्या कर दी थी। इन विदेशी व्यापारियों का मंसूबा यह था कि वह एलिजाबेथ विला के मोड़ से आगे का सारा संवाद तन्त्र तथा रास्ता काट देंगे और फिर संयुक्त राष्ट्र की सैन्य टुकड़ियों से निपटेंगे।

5 दिसम्बर 1961 को एलिजाबेथ विला के रास्ते इस तरह बाधित कर दिए गए थे कि संयुक्त राष्ट्र के सैन्य दलों का आगे जाना एकदम असम्भव हो गया था। करीब नौ बजे सुबह 3/1 गोरखा राइफल्स को यह आदेश दिए गए कि वह

एयरपोर्ट के पास के एलिजाबेथ विला के गोल चक्कर का रास्ता साफ करे। इस रास्ते पर विरोधियों के करीब डेढ़ सौ सशस्त्र पुलिस वाले रास्ते को रोकते हुए तैनात थे।

योजना यह बनी कि 3/1 गोरखा राइफल्स की चार्ली कम्पनी आयरिश टैंक के दस्ते के साथ अवरोधकों पर हमला करेगी। इस कम्पनी की अगुवाई मेजर गोविन्द शर्मा कर रहे थे। कैप्टन गुरबचन सिंह सालारिया एयरपोर्ट साइट से आयारिश टैंक दस्ते के साथ धावा बोलेंगे और इस तरह अवरोधकों को पीछे हटकर हमला करने का मौका न मिल सकेगा। कैप्टन गुरबचन सिंह सालारिया की ए कम्पनी के कुछ जवान रिजर्व में रखे जाएँगे। गुरबचन सिंह सालारिया ने इस कार्यवाही के लिए दोपहर का समय तय किया, जिस समय उन सशस्त्र पुलिसबलों को हमले की ज़रा भी उम्मीद न हो। गोविन्द शर्मा तथा गुरबचन सिंह दोनों के बीच इस योजना पर सहमति बन गई।

गुरबचन सिंह सालारिया का जन्म 29 नवम्बर 1935 को शकरगढ़ के जनवल गाँव में हुआ था। यह स्थान अब पाकिस्तान में है। उनके पिता भी फौजी थे और ब्रिटिश-इण्डियन आर्मी के डोगरा स्क्वेड्रन, हडसन हाउस में नियुक्त थे। उनकी माँ एक साहसी महिला थीं तथा बहुत सुचारू रूप से गृहस्थी चलाते हुए बच्चों का भविष्य बनाने में लगी रहती थीं। पिता की बहादुरी के किस्सों ने गुरबचन सिंह को भी फौजी जिन्दगी के प्रति आकृष्ट किया।

इसी आकर्षण के कारण गुरबचन ने 1946 में बैंगलौर के किंग जार्ज रॉयल मिलिट्री कॉलेज में प्रवेश लिया। अगस्त 1947 में उनका स्थानांतरण उसी कॉलेज की जालंधर शाखा में हो गया। 1953 में वह नैशनल डिफेंस अकेडमी में पहुँच गए वहाँ से वह 1957 में पास होकर निकले और कारपोरल रैंक लेकर सेना में आ गए। वहाँ भी उन्होंने अपनी छवि वैसी ही बनाई जैसी स्कूल में थी यानी वह आत्म सम्मान के प्रति बेहद सचेत सैनिक माने गए। यहाँ उनके स्कूल की दो घटनाएँ बताई जा सकती हैं। एक बार उन्हें एक छात्र ने तंग करने की कोशिश की। वह एक तगड़ा सा दिखने वाला लड़का था। लेकिन इसी बात पर गुरबचन सिंह ने उसे बॉक्सिंग के लिए चुनौती दे डाली। मुकाबला तय हो गया। सबको यही लग रहा था कि गुरबचन मात खा जाएँगे, लेकिन रिंग के अन्दर उतरकर जिस मुस्तैदी से गुरबचन सिंह ने मुक्कों की बरसात की, उसके आगे वह कुशल प्रतिद्वन्द्वी ठहर नहीं पाया और जीत गुरबचन की हुई।

ऐसे ही एक बार, एक बेचारा लड़का कुएँ में गिर पड़ा गुरबचन सिंह वहीं थे। उन्हें बच्चे पर तरस आया और वह उसे बचाने को कुएँ में कूदने को तैयार हो गए, जब कि उन्हें खुद भी तैरना नहीं आता था खैर उनके साथियों ने उन्हें ऐसा करने से रोक लिया।

तो इस पृष्ठभूमि वाले कैप्टन गुरबचन सिंह सालारिया 5 दिसम्बर 1961 को एजिजाबेथ विला के गोल चक्कर पर दोपहर की ताक में बैठे थे कि उन्हें हमला करके उस सशस्त्र पुलिसवालों के व्यूह को तोड़ना है, ताकि फौजें आगे बढ़ सकें।

इस बीच गुरबचन सिंह सालारिया अपनी टुकड़ी के साथ अपने तयशुदा ठिकाने पर पहुँचने में कामयाब हो गए। उन्होंने ठीक समय पर अपनी रॉकेट लांचर टीम की मदद से रॉकेट दाग कर दुश्मन की दोनों सशस्त्र कारें नष्ट कर दीं। यही ठीक समय था जब वह सशस्त्र पुलिस के सिपाहियों को तितर-बितर कर सकते थे। उन्हें लगा कि देर करने से उन्हें फिर से संगठित होने का मौका मिल जाएगा। ऐसी नौबत न आने देने के लिए उन्होंने तुरन्त कमर कस ली। उनके पास केवल सोलह सैनिक थे, जबकि सामने दुश्मन के सौ जवान थे। फिर भी, बिना परवाह किए वह और उनका दल अचानक दुश्मन पर टूट पड़े। आमने-सामने की मुठभेड़ होने लगी जिसमें गोरखा पलटन की खुखरी ने तहलका मचाना शुरू कर दिया। दुश्मन के सौ में से चालीस जवान वहीं ढेर हो गए लेकिन दुश्मन के बीच खलबली मच गई और वह बौखला उठा। तभी गुरबचन सिंह एक के बाद एक दो गोलियों का निशाना बन गए। दोनों गोलियाँ सीधे आकर उनकी गर्दन पर लगीं और वहाँ से बेतहाशा खून की धार बह निकली। उस समय गुरबचन दुश्मन की आखिरी खाई तक पहुँच चुके थे।

गुरबचन सिंह को यूँ गिरता देखकर उनकी टुकड़ी बदहवास सी जोश में आ गई। उसने 'आयो गोरखाली' का जोरदार कोरस बुलन्द किया और दुश्मन पर टूट पड़ी और दुश्मन का हौसला पस्त हो गया।

फतह की हद पर पहुँच कर कैप्टन गुरबचन सिंह सालारिया ने जख्म से बेहाल वहीं दम तोड़ दिया।

उन्होंने प्राण तो दिए लेकिन संयुक्त राष्ट्र संघ की शान्ति सेना में भारत का नाम रोशन कर दिया। उन्हें इसी कारनामे के लिए परमवीर चक्र प्रदान किया गया।

मेजर धनसिंह थापा

1/8 गोरखा राइफल्स (IC 7990)

प्रशस्ति वाचन

मेजर धन सिंह थापा लद्दाख में एक अगली चौकी पर कमान संभाल रहे थे। बीस अक्टूबर 1962 को चीन ने उस चौकी पर भारी गोलाबारी तथा मोर्टार के साथ हमला किया। हालाँकि उस चौकी पर बहुत थोड़े सैनिक तैनात थे फिर भी मेंजर थापा की बहादुरी के आगे वह हमला नाकामयाब कर दिया गया और दुश्मन के बहुत से सैनिक हताहत हुए।

दुश्मन ने दुबारा हमला किया। इस बार का हमला ज्यादा सैनिकों के साथ था और उसमें बमबारी पर अधिक जोर था। मेजर धन सिंह के नेतृत्व में उनकी टुकड़ी ने दुश्मन के इस हमले को भी बेकार कर दिया और दुश्मन को बहुत नुकसान पहुँचाया।

तीसरी बार चीनी अपनी पैदल सेना के साथ-साथ टैंक भी लेकर आए और उन्होंने फिर आक्रमण किया। तब तक चौकी पर भारतीय जवान भी काफी संख्या में मारे जा चुके थे। फिर भी, कम रह जाने के बावजूद मेजर थापा की फौज अन्त तक लड़ती रही।

आखिरकार दुश्मन की फौज का दबाव बढ़ा। उत्तेजित होकर मेजर थापा अपनी खाई से बाहर निकले और उन्होंने आमने-सामने की मुठभेड़ में बहुत से दुश्मनों को ढेर कर दिया। लेकिन अन्ततः वह भी दुश्मन के हाथों पकड़े गए। मेजर थापा की हिम्मत, उनका धैर्य तथा लगातार जूझते रहने की लगन ने उच्च स्तरीय नेतृत्व का प्रदर्शन किया और सेना के सामने एक परम्परा का आदर्श स्थापित किया।

गज़ट ऑफ इंडिया नोटिफिकेशन
नं. 68 प्रेस/62

शौर्य गाथा

1962 के चीन के युद्ध में जिन चार भारतीय बहादुरों को परमवीर चक्र प्रदान किया गया, उनमें से केवल एक वीर उस युद्ध को झेलकर जीवित रहा। उस

वीर का नाम धन सिंह थापा था जो 1/8 गोरखा राइफल्स से, बतौर मेजर इस लड़ाई में शामिल हुआ था।

मेजर धन सिंह थापा भले ही चीन की बर्बर सेना का सामना करने के बाद आज भी जीवित हैं, लेकिन युद्ध के बाद चीन के पास बन्दी के रूप में जो यातना उन्होंने झेली उसकी स्मृति भर भी थरथरा देने वाली है। मेजर धन सिंह थापा इस युद्ध में पान गौंग त्सो (झील) के तट पर सिरी जाप मोर्चे पर तैनात थे, जहाँ उनके पराक्रम ने उन्हें परमवीर चक्र के सम्मान का अधिकारी बनाया।

धन सिंह थापा का जन्म 10 अप्रैल 1928 को शिमला में हुआ था और 28 अक्टूबर 1949 को वह एक कमीशंड अधिकारी के रूप में फौज में आए थे। वह एक ऐसे सैनिक अधिकारी के रूप में गिने जाते थे, जो चुपचाप अपने काम में लगा रहता हो। अनावश्यक बोलना या बढ़-चढ़ कर डींग मारना, या खुद को बहादुर जताना उनके स्वभाव में कभी नहीं था।

चीन ने 1962 में जब भारत पर आक्रमण की कार्यवाही की, तब भारत इस स्थिति के लिए कतई तैयार नहीं था। भारत के राजनैतिक नायक पंडित जवाहर लाल नेहरू अन्तरराष्ट्रीय स्तर पर शान्ति के दूत माने जाते थे। उनकी नजर में देश के भीतर विकास का रास्ता खोलना ज्यादा महत्वपूर्ण था। इसी तरह उनका ध्यान अन्तरराष्ट्रीय फलक पर भारत की छवि वैसी ही प्रस्तुत रखने पर था, जैसी महात्मा गाँधी या गौतम बुद्ध के देश की मानी जाती है। इस नाते देश की योजनाएँ कृषि और विकास के लिए उद्योगों पर पहले केन्द्रित थीं और रक्षा उपक्रम तथा सेना उनकी नजर में सबसे ऊपर नहीं थी। इसी तरह चीन को भी भारत की राजनैतिक नजर बस उतना और वैसा ही समझ रही थी, जैसा चीन खुद को पेश कर रहा था। लेकिन सच तो यह था कि चीन दोहरी नीति पर चल रहा था। भारत की शान्ति की नीति का पक्षधर होते हुए भी उसकी विस्तारवादी कुटिल नीति भी साथ में लागू थी। तिब्बत को कब्जे में लेना उसके इस छद्म व्यवहार को दर्शाता था। लेकिन भारत इस ओर से एक तरह से, बेखबर था। इसलिए भारत की सेना न तो युद्ध के लिए तैयार थी, और न उसे इस बात की कोई खबर थी कि चीन की सेनाएँ भारत की सीमा के भीतर न सिर्फ घुस चुकी हैं, बल्कि अपनी चौकियाँ और बंकर भी बना चुकी हैं।

चीन की सैन्य शक्ति में अनगिनत योद्धा तो थे ही, वह पूरी तरह प्रशिक्षित तथा चुस्त-मुस्तैद भी थे। उनके पास हथियारों और गोला बारूद का अकूत भण्डार था। उनकी संचार व्यवस्था एकदम ठीक-ठाक थी और सबसे बड़ी बात, उन्हें इस बात का पता था कि भारत इस युद्ध के लिए न तो तैयारी से लैस है, न ही उसके राजनायकों की युद्ध जैसी मनःस्थिति है। चीन के लिए इतना ही काफी था।

इन परिस्थितियों में 8 गोरखा राइफल्स की 1st बटालियन की डी कम्पनी को सिरी जाप पर चौकी बनाने का हुकुम दिया गया। उस कम्पनी की कमान मेजर धन सिंह थापा संभाल रहे थे। पानगौंग त्सो झील के किनारे सिरी जाप 1 पर थापा को चौकी बनानी थी, जब कि चीनी लद्दाख में बहुत सारी चौकियाँ पहले से बना चुके थे। सिरी जाप का यह इलाका करीब अड़तालीस वर्ग किलोमीटर तक फैला हुआ था। चूँकि छोटी-छोटी चौकियाँ बनाना तय हुआ था, इसलिए थापा की डी कम्पनी को केवल अट्ठाइस लोग दिए गए थे। इस काम के लिए थापा के बाद दूसरे स्तर के अधिकारी सूबेदार मिन बहादुर गुठंग उनके साथ थे। इसके अलावा, स्थिति यह थी कि उस चौकी के तीन तरफ चीनी सैनिकों ने फटाफट अपनी चौकियाँ बना कर खड़ी कर ली थीं।

19 अक्टूबर 1962 को थापा की टुकड़ी ने देखा कि सिरी जाप के आस-पास चीनी सैनिकों का बेशुमार जमावड़ा हो रहा है। उनके पास भारी मात्रा में हथियार व बन्दूकें हैं और तय है कि कुछ बड़ी कार्यवाही की योजना उनकी तरफ चल रही है। ऐसा ही कुछ नजारा ढोला के सामने, पूर्वी छोर पर भी देखा गया। यह दुतरफा हमले की सम्भावना का संकेत था। इसे समझकर थापा ने अपने सैनिकों को तुरंत और जल्दी गहरी खाइयाँ खोदने का आदेश दिया लेकिन यह काम बेहद कठिन था। जमीन बर्फ की सख्त सतह से ढकी हुई थी। इस पर कम्पनी कमाण्डर ने यह आदेश भी दिया कि रेत की बोरियों और राशन की बोरियों तक से बंकर बना लिए जाएँ, जो बचाव के लिए दीवार का काम करें।

आशंका को सच करते हुए, चीन की फौजों ने 20 अक्टूबर 1962 को सुबह साढ़े चार बजे हमला कर दिया। उनके पास मोर्टार के साथ-साथ लगातार गोलियां चलाने की भी व्यवस्था थी। ढाई घंटे तक यह क्रम चलता रहा जिसका फायदा उठा चीनी सैनिक करीब डेढ़ सौ गज भीतर तक आ गए। जब गोलाबारी थमी तब भारतीय फौजों ने करीब छह सौ चीनी सैनिकों का हल्लाबोल सुना जो चौकी पर हमला करने के लिए बढ़े चले आ रहे थे। दरअसल इसी स्थिति का भारतीय गोरखा सैनिक इन्तजार कर रहे थे।

अब चीनी सैनिक भारतीय गोरखा टुकड़ी की मशीनगन की मार के अन्दर थे। उस तक आते ही थापा के सिपाही अपनी मशीनगन और राइफल्स से दुश्मन की सेना पर टूट पड़े जिससे बहुत से चीनी सैनिक हताहत हुए और कई घायल हो गए। इस तरह भारत के बहादुरों ने चीनी फौजियों को चौकी से सौ गज के फासले पर रुक जाने के लिए मजबूर कर दिया।

चीनी सैनिकों की ओर से गोलियों की बौछार और मोर्टार दागे जाने से मेजर धनसिंह थापा की डी टुकड़ी का नुकसान होना ही था। उसके भी बहुत से सैनिक मारे गए या घायल हो गए थे। सेक्शन कमाण्डर नायक कृष्णा बहादुर थापा ने सैनिकों

के हताहत होते जाने पर खुद लाइट मशीनगन संभाल कर गोलियाँ बरसानी शुरू की थीं। उन्होंने भी बहुत से दुश्मनों को मौत की नींद सुलाकर स्वयं वीर गति प्राप्त की थी। इस दौरान उनकी संचार व्यवस्था भी नाकाम हो गई थी इसलिए भारतीय सेना अपनी बटालियन से संवाद स्थापित करने में भी असमर्थ थी।

इस कठिन परिस्थिति में सूबेदार मिन बहादुर गुरूंग और मेजर धन सिंह थापा अपनी रणनीति के अनुसार टुकड़ी को उत्साहित भी कर रहे थे और नियोजित भी। चीन के साथ फौजियों की नई टुकड़ी आ गई थी वह ताजा दम सैनिक और भी ज्यादा जोश में थे। ऐसे में चीनी सैनिक रेंगते हुए चौकी के 50 गज तक पास बढ़ आए थे, जब कि दोनों तरफ से उनकी टुकड़ियां गोलियाँ बरसा कर उनके बढ़ने का रास्ता बना रही थीं। दुश्मन के पास अग्निवर्षक बम भी थे, जिन्हें फेंक कर वह आग और धुएँ का कवच बना रहे थे। इसके बावजूद, गोरखों ने इस स्थिति की चुनौती को स्वीकार किया और अपनी छोटी दूरी वाले हथियारों से उनका जवाब देना शुरू किया। अचानक सूबेदार गुरुंग अपने ही एक बंकर के ढह जाने पर उसके नीचे दब गए। उनके हाथ में उस समय लाइट मशीन गन थी, जिससे वह गोलियाँ बरसा रहे थे। उन्होंने किसी तरह संघर्ष करके खुद को बंकर के नीचे से बाहर निकाला और फिर लगातार गोलियाँ बरसाने लगे। इससे चीनी सैनिकों को भारी नुकसान हुआ, जो भी गुरुंग के निशाने पर आया, वह धराशायी हो गया लेकिन तभी वह खुद आघात का शिकार हुए और उन्होंने वीर गति पाई।

अब मेजर धन सिंह थापा उस चौकी पर डटे हुए थे और उनके साथ चौंतीस में से केवल सात जवान बचे थे। इस बीच दुश्मन हैवी मशीनगन, बाजूका के साथ 4 ऐसे यान ले आया था, जो पानी और जमीन दोनों पर चलकर मार करते थे। ऐसे यानों पर दो-दो हैवी मशीनगन लगी हुई थीं। भारत की संचार व्यवस्था पहले ही टूट चुकी थी। धन सिंह थापा की चौकी भारी दबाव में आ गई थी। इस बीच बटालियन तक संवाद लेकर नायक रविलाल को एक छोटी नाव में भेजा गया क्योंकि संवाद का और कोई तरीका नहीं था। बटालियन से टोकुंग के रास्ते दो नावें सहायता लेकर आ रही थीं। दोनों नावों पर चीनी सैनिकों ने निशाना साध लिया। एक नाव उनकी गोली खाकर वहीं डूब गई। उसके साथ सभी सैनिक डूब गए। दूसरी नाव, जिसमें नायक रविलाल स्वयं था, वह किसी तरह बच पाने में सफल हो गई लेकिन मेजर धन सिंह थापा तक सहायता नहीं पहुँच पाई।

अब मेजर धन सिंह थापा के पास सिर्फ तीन सैनिक रह गए, बाकी चार हताहत हो गए। उनका यह हाल मेजर थापा के बंकर पर अग्नि बम गिरने से हुआ। इसके साथ ही चीनी फौज ने उस चौकी और बंकर पर कब्जा कर लिया और मेजर धन सिंह थापा शत्रु द्वारा बन्दी बना लिए गए। उसके बाद चीन की फौजों ने तीसरा हमला टैंक के साथ किया।

इस बीच नाव लेकर बच निकला नायक रविलाल फिर बटालियन में पहुँचा और उसने सिरी जाप चौकी के पराजित होने, तथा सारे सैनिकों और मेजर धन सिंह थापा के मारे जाने की खबर वहाँ अधिकारियों को दी। उसने बताया कि वहाँ सभी सैनिक और मेजर थापा बहादुरी से, अपनी आखिरी सांस तक लड़े।

बटालियन नायक द्वारा दी गई इस खबर को सच मान रही थी, जब कि सच यह नहीं था। मेजर थापा अपने तीन सैनिकों के साथ बंदी बना लिए गए थे। लेकिन भाग्य को अभी भी नया कुछ दिखाना था। पकड़े गए थापा सहित तीन बन्दियों में से राइफल मैन तुलसी राम थापा, चीनी सैनिकों की पकड़ से भाग निकलने में सफल हो गया। वह चार दिनों तक अपनी सूझ-बूझ से चीनी फौजों को चकमा देता रहा और किसी तरह भाग कर छिपता हुआ अपनी बटालियन तक पहुँच पाया। तब उसने मेजर धन सिंह थापा तथा दो अन्य सैनिकों के चीन के युद्धबन्दी हो जाने की सूचना दी...लेकिन तब तक बहुत देर हो चुकी थी।

मेजर थापा लम्बे समय तक चीन के पास युद्धबन्दी के रूप में यातना झेलते रहे। चीनी प्रशासक उनसे भारतीय सेना के भेद उगलवाने की भरपूर कोशिश करते रहे। वह उन्हें हद दर्जे की यातना देकर तोड़ना चाहते थे, लेकिन यह सम्भव नहीं हुआ। मेजर धन सिंह थापा न तो यातना से डरने वाले व्यक्ति थे, न प्रलोभन से।

देश लौटकर सेना में आने के बाद मेजर थापा अन्ततः लेफ्टिनेंट कर्नल के पद तक पहुँचे और पद मुक्त हुए। उसके बाद उन्होंने लखनऊ में सहारा एयर लाइंस के निदेशक का पद संभाला।

भारत-चीन युद्ध
1962

परमवीर चक्र विजेता

- सूबेदार जोगिन्दर सिंह
- मेजर शैतान सिंह

सूबेदार जोगिन्दर सिंह
1 सिख (नं. J.C. 1547)

प्रशस्ति वाचन

सूबेदार जोगिन्दर सिंह सिख रेजिमेन्ट की एक प्लाटून के कमाण्डर थे और नेफा (नार्थ ईस्टर्न फ्रंटियर एजेंसी NEFA) पर टोंगपेंग ला केरिज के पास एक ठिकाने पर तैनात थे। 23 अक्टूबर 1962 को सुबह साढ़े पाँच बजे चीनी फौजों ने बुमला एक्सिस पर जबरदस्त धावा बोल दिया। उनका मंसूबा तो बांग के रास्ते घुसपैठ करने का था।

आगे बढ़ती हुई चीनी फौज ने रिज पर हमले के तीन दौर चलाए। तीनों में अलग-अलग दो सौ सैनिक थे। सूबेदार जोगिन्दर सिंह और उनके साथियों ने पहली लहर को निरस्त कर दिया, जिससे दुश्मन कुछ देर के लिए सहम गया क्योंकि इसमें दुश्मन के बहुत से सिपाही मारे गए थे।

कुछ ही मिनटों में दूसरे दौर का हमला हुआ। सूबेदार जोगिन्दर सिंह की टुकड़ी ने उसका भी वही हाल किया लेकिन भारतीय प्लाटून के भी लगभग आधे सिपाही हताहत हो गए।

सूबेदार जोगिन्दर सिंह को भी जाँघ में जख्म लगा लेकिन उन्होंने मोर्चे से हटना मंजूर नहीं किया। उनकी हौसला भरी अगुवाई से प्लाटून हिम्मत से डटी रही और पीछे नहीं हटी।

इसी बीच दुश्मन ने तीसरी बार धावा बोला। इस बार सूबेदार जोगिन्दर सिंह खुद मशीनगन लेकर दुश्मन को निशाना बनाने में लगे हुए थे। उन्होंने बहुत से सैनिकों को अपनी गोली से ढेर किया। चीनी सैनिक फिर भी आगे बढ़ते रहे हालाँकि उनका भी रण में बहुत नुकसान हो चुका था।

उसके बाद स्थिति ऐसी हो गई कि बचाव करना कठिन हो गया। सूबेदार जोगिन्दर सिंह और उसके कुछ जवान संगीन लेकर आगे बढ़ने लगे। उन्होंने संगीन से भी बहुतों को ढेर किया लेकिन उसके बाद वह असहाय हो गए।

सूबेदार जोगिन्दर सिंह ने समर भूमि में लड़ते हुए हद दर्जे की बहादुरी दिखाई। अपने दल का प्रेरणा दायक नेतृत्व किया और इस तरह उनकी उत्कृष्ट कर्तव्यनिष्ठा सामने आई।

गज़ट ऑफ इंडिया नोटिफिकेशंस
नं. 68 प्रेस/62

शौर्य गाथा

स्वतन्त्र भारत ने चीन से बस एक युद्ध 1962 में लड़ा जिसने उसे बहुत सारे अनुभव दिए। ये अनुभव फौजी हकीकत से तो जुड़े हुए थे ही इनमें राजनैतिक तौर पर भी बहुत कुछ आँख खोल देने वाला था। इस युद्ध में चीन के साथ लड़ते हुए भारत के चार पराक्रमी योद्धाओं ने परमवीर चक्र प्राप्त किए। इन चारों में से तीन को तो यह यश मरणोपरान्त मिला और केवल एक वीर सारी कथा को बताने के लिए जीवित बचा रहा।

उन तीनों योद्धाओं में जो रणभूमि में वीरगति को प्राप्त हुए, एक सूबेदार जोगिन्दर सिंह भी थे जो 1 सिख रेजिमेंट के सेनानी थे और टोंगपेन ला, नेफा में बूमला मोर्चे पर लड़ रहे थे।

26 सितम्बर 1921 को पंजाब में मोगा के गाँव मेहाकलन में जन्मे जोगिन्दर सिंह बहुत समृद्ध परिवार से नहीं थे। इसी कारण उनकी विधिवत शिक्षा भी लगभग नहीं हुई थी। ऐसी स्थिति में जोगिन्दर की सोच थी कि फौज ही उनके लिए एक बेहतर जगह हो सकती है। फौज में आकर उनकी प्रतिभा का विकास हुआ और उन्होंने वहाँ आर्मी एजूकेशन परीक्षाएँ पास करके अपनी सम्मानपूर्ण जगह बनाई। वह यूनिट एजुकेशन इन्स्ट्रक्टर बना दिए गए। उनकी ड्रिल और उनकी वर्दी का रख-रखाव आदि इतना अच्छा था कि उसका उदाहरण दिया जाता था।

चीन के साथ भारत के युद्ध की भूमिका बहुत सुखद नहीं कही जा सकती क्योंकि साठ का दशक भारत के लिए विकास का दौर था और उसे इस बात का कतई अंदाज नहीं था कि चीन जैसा देश उस पर साम्राज्यवादी दृष्टि गड़ाए बैठा है। हालाँकि चीन अपनी विस्तारवादी नीति के तहत तिब्बत को हथिया ही चुका था।

उस समय भारत का रुझान न तो सैन्य व्यवस्था को आगे रखकर उसे मजबूत करने का था, न ही, उसे अपनी शान्तिपूर्ण अन्तरराष्ट्रीय नीति को लेकर कोई शंका थी। ऐसे में चीन का आक्रमण भारत के लिए एक चौंका देने वाला परिदृश्य था। उसकी फौजी ताकत और तैयारी तो कमजोर थी ही, राजनैतिक दृष्टि भी उतनी परिपक्व नहीं थी जो वह स्थितियों का अंदाज लगा सके और आगे, उस की जानकारी पाकर अपना सन्तुलित कदम तय कर सके। उधर चीन पूरी मुस्तैदी से अपनी विस्तारवादी नीति पर चलते हुए भारत की ओर अपना फौजी जमावड़ा बढ़ाता जा रहा था।

फिर स्थिति यह आ गई कि भारत को भी कुछ निर्णय लेना पड़ा। 9 सितम्बर 1962 को भारत के रक्षा मन्त्री कृष्णा मेनन ने एक मीटिंग में एक निर्णय लिया कि चीन को थागला रिज की दक्षिणी सीमा से बाहर कर देना है। उस समय भारत

के तत्कालीन प्रधानमन्त्री पण्डित जवाहर लाल नेहरू कामनवेल्थ देशों के प्रधान मन्त्रियों की बैठक में भाग लेने लन्दन गए हुए थे। रक्षा मन्त्री की मीटिंग में लिए गए निर्णय से नेहरू जी को अवगत कराया गया और उन्होंने उस पर अपनी सहमति दे दी और इस तरह 7 इन्फेन्ट्री ब्रिगेड को नामका चू की ओर कूच करने के आदेश दे दिए गए। इस ठिकाने पर चीनी फौजों का जमावड़ा पूरी तैयारी से घात लगाए बैठा था।

यहाँ एक नासमझी और हुई। इस निर्णय और खबर को भारतीय प्रेस ने भरपूर ढंग से बढ़ा-चढ़ा कर छापा जिसमें चीन के लिए ललकार भी थी। जब कि असलियत में भारत की फौजों की तैयारी उतनी काफी नहीं थी। हथियारों और गोला बारूद की भारी कमी के बावजूद भारत के सैनिक और अफसर बेहद बहादुरी और जोश से भरे हुए थे। आखिर बीस अक्टूबर 1962 को चीन और भारत बूमला मोर्चे पर अपनी-अपनी फौजों के साथ आमने-सामने आ गए।

हमले के बाद जल्दी ही 7 इन्फेन्टरी ब्रिगेड नामका चू पर चीन की फौजों के हाथों साफ हो गई। उसके बाद चीनी फौजें तावांग की ओर बढ़ीं। यह फौज गिनती में पूरे एक डिवीजन भर थी जब कि उसके सामने भारत की केवल 1 सिख कम्पनी थी। इस कम्पनी की अगुवाई सूबेदार जोगिन्दर सिंह कर रहे थे।

20 अक्टूबर 1962 का दिन था। सूबेदार जोगिन्दर सिंह रिज के पास नेफा में टोंग पेन में अपनी टुकड़ी के साथ तैनात थे। सुबह साढ़े पाँच बजे चीन की फौजों ने बूमला पर जबरदस्त धावा बोला। उनका इरादा टोवांग तक पहुँच जाने का था। दुश्मन की फौज ने तीन दौरों में उस मोर्चे पर हमला किया। हर बार सैनिकों की संख्या 200 थी।

पहला हमला सूबेदार की फौजें बहादुरी से झेल गईं जिसमें चीन को कोई कामयाबी नहीं मिली। उसका भारी नुकसान भी हुआ। और उसे थम जाना पड़ा। कुछ ही देर बाद दुश्मन ने फिर धावा बोला। उसका भी सामना जोगिन्दर सिंह ने बहादुरी से किया। वह 'जो बोले सो निहाल...' का नारा लगाते और दुश्मन के हौसले पस्त कर देते। लेकिन दूसरा हमला जोगिन्दर सिंह की आधी फौज साफ कर गया।

सूबेदार जोगिन्दर सिंह खुद भी घायल थे। उनकी जाँघ में गोली लगी थी फिर भी वह जिद में थे कि रण नहीं छोड़ेंगे। उनके नेतृत्व में उनकी फौज भी पूरे हौसले के साथ जमी हुई थी, हालाँकि उसमें भी सैनिक घायल हो चुके थे।

तभी दुश्मन की ओर से तीसरा हमला किया गया। अब तो सूबेदार ने खुद हाथ में मशीनगन लेकर गोलियाँ दागनी शुरू कर दीं थीं। चीन की फौज का भी इस हमले में काफी नुकसान हो चुका था, लेकिन वह लगातार बढ़ते जा रहे थे। फिर स्थिति यह आई कि सूबेदार की फौज के पास गोलियों का भण्डार खत्म हो

गया। अब बारी थी संगीन को खंजर की तरह इस्तेमाल करके दुश्मन का काम तमाम करने की। सूबेदार और उनके साथी इस मुठभेड़ में भी बिना हिम्मत हारे पूरे जोश के साथ जूझते रहे और आगे बढ़ती चीन की फौजों को चुनौती देते रहे। आखिर वह और उनके बचे हुए सैनिक दुश्मन के कब्जे में आ गए। यह सच था कि वह मोर्चा भारत जीत नहीं पाया लेकिन उस मोर्चे पर सूबेदार जोगिन्दर सिंह ने जो बहादुरी आखिरी पल तक दिखाई उसके लिए उनको सलाम।

सूबेदार जोगिन्दर सिंह दुश्मन की गिरफ्त में आ गए, उसके बाद उनका कुछ पता नहीं चला। चीनी फौजों ने न तो उनका शव भारत को सौंपा, न ही उनकी कोई खबर दी। इस तरह उनकी शहादत अमर हो गई।

मेजर शैतान सिंह
13 कुमायूं (नं. I.C. 7990)

प्रशस्ति वाचन

चशूल सेक्टर के रेजांग ला में मेजर शैतान सिंह पैदल सेना की एक प्लाटून की कमान संभालते हुए, सत्रह हजार फीट की ऊँचाई पर तैनात थे। यह इलाका मुख्य सुरक्षा क्षेत्र से अलग-थलग था और इस क्षेत्र में पाँच प्लाटूनों की सुरक्षा चौकियाँ बनी हुई थीं।

18 नवम्बर 1962 को चीन की सेनाओं ने इस कम्पनी की चौकियों पर गोलियों तथा मोर्टार से भारी आक्रमण किया और यह हमला बड़ी सेना के साथ कई बार, लगातार होता रहा। अनेकों कठिनाइयों के बावजूद भारत की सेना ने दुश्मन के सभी हमले नाकाम किए और डटे रहे। इस सारी सैनिक कार्यवाही के दौरान मेजर शैतान सिंह अपनी जान को खतरे में डालते हुए एक चौकी से दूसरी पर जा-जा कर अपने सैनिकों का हौसला बढ़ाते रहे। अपने इस जोश भरे काम में वह गम्भीर रूप से घायल हो गए थे किन्तु उन्होंने अपनी इस कार्यवाही में ढील नहीं दी और अपने फौजियों का मनोबल बढ़ाते रहे। उनकी इस हौसला आफजाई से उनके सैनिक भी बहादुरी से दुश्मन का सामना करते रहे। उन्होंने दुश्मन के बहुत से सैनिकों को मौत की नींद सुलाया। हिन्दुस्तान का हर एक जवान दुश्मन के चार पांच सिपाहियों को मार कर ही मौत की नींद सोया।

एक स्थिति ऐसी आई जब मेजर शैतान सिंह को पेट में तथा बाजुओं में गोलियाँ लगीं और वह बुरी तरह घायल हो गए। उनके जवानों ने उन्हें उठा कर सुरक्षित बाहर ले जाने की कोशिश की, लेकिन मेजर शैतान सिंह ने अपने जवानों को खतरे से बचने का आदेश देते हुए कहा कि वह उनकी फिक्र छोड़ कर खुद को बचाएँ और दुश्मन से लड़ें।

मेजर शैतान सिंह के इस हिम्मत भरे उदाहरण, असरदार नेतृत्व तथा उनकी कर्त्तव्य निष्ठा ने उनकी टुकड़ी को और भी उत्साह से भरा और वह सब एक भी सैनिक बचे रहने तक बहादुरी से लड़ते रहे।

गज़ट ऑफ इण्डिया नोटिफिकेशन
नं 68 प्रेस/62

शौर्य गाथा

मेजर शैतान सिंह का शौर्य पराक्रम चीन के खिलाफ लड़ते हुए रेजांग ला मोर्चे पर अन्तिम बार 18 नवम्बर 1962 को नजर आया। वह चुशूल सेक्टर में 17 हजार फीट की ऊँचाई पर चीन की गोला बारूद से लैस भारी सेना का सामना कर रहे थे। उस मोर्चे पर उन्होंने अदम्य साहस, कुशल नेतृत्व क्षमता तथा देश के प्रति गहरी समर्पण भावना का उदाहरण प्रस्तुत किया, जिसके लिए उन्हें मरणोपरान्त परमवीर चक्र प्रदान किया गया।

शैतान सिंह का पूरा नाम शैतान सिंह भाटी था। उनका जन्म 1 दिसम्बर 1924 को जोधपुर में हुआ था। उनके पिता श्री हेमसिंह जी भाटी भी सेना में लेफ्टिनेन्ट कर्नल रहे थे। शैतान सिंह ने 1 अगस्त 1949 को कुमायूं रेजिमेंट में कदम रखा था।

चीन का वह युद्ध जिसमें मेजर शैतान सिंह ने अपना पराक्रम दिखाया, 1962 में आक्साई चिन सीमा विवाद से शुरू हुआ था। चुशूल सेक्टर सीमा से बस पन्द्रह मील दूर था और वह क्षेत्र लद्दाख की सुरक्षा की दृष्टि से बहुत महत्त्वपूर्ण था।

चीन का युद्ध भारत के लिए बहुत से सन्दर्भों में एक नया पाठ था। भारत के तत्कालीन प्रधान मन्त्री पण्डित जवाहर लाल नेहरू विश्व शान्ति के पक्षधर थे और उनकी नजर विकास कार्यों पर अधिक थी। आवास, उद्योग आदि क्षेत्रों पर देश की योजनाएँ केन्द्रित थीं। सेना और सैन्य व्यवस्था बहुत कमजोर स्थिति में थी। न तो पर्याप्त मात्रा में सेना के पास हथियार तथा गोला बारूद था, न ही पर्याप्त सैनिक थे। चीन की विस्तारवादी नीति और कार्यवाही भले ही भारत से छिपी नहीं थी, फिर भी हम इस बात की कल्पना भी नहीं कर पा रहे थे कि चीन हमारे लिए एक हमलावर देश सिद्ध होगा। भले ही चीन ने जिस तरह से तिब्बत पर अपना कब्जा जमाया हुआ था और दलाई लामा को भारत ने शरण दी थी, यह एक साफ कारण बनता था।

स्पष्ट है कि भारत उस समय इस स्थिति की उम्मीद नहीं करता था कि उसका चीन से किसी समर भूमि में सामना होगा। भारत इस ओर से भी बेखबर था कि उसकी कुल सैन्य सामर्थ्य किसी भी युद्ध का मुकाबला करने के लिए बहुत कम है और उस ओर ध्यान देने की जरूरत है। उसे चीन की फौजी ताकत की जानकारी भी नहीं थी, इस सबके बावजूद, यह सच था कि चीन का आक्रमण भारत पर हुआ था और किसी भी तरह भारत को उसका मुकाबला करना था।

जून 1962 में चीन-भारत युद्ध के दौरान 13 कुमायूं बटालियन चुशूल सेक्टर में तैनात थी। उस ब्रिगेड की कमान ब्रिगेडियर टी.एन. रैना संभाल रहे थे। अम्बाला से जब यह ब्रिगेड जम्मू कश्मीर पहुँची तो उन्होंने एक दम पहली बार बर्फ देखी।

इसके पहले उन्होंने कभी पर्वतीय सीमा का अनुभव नहीं लिया था। अब उन्हें दुनिया के सबसे ज्यादा शीत प्रताड़ित क्षेत्र में लड़ना था। उनके सामने चीन की सेना सिनकियांग से थी, जो ऐसे युद्ध क्षेत्र में लड़ने की अभ्यस्त थी। चीन की सेना के पास सभी आधुनिक शस्त्र तथा भरपूर गोला-बारूद था, जबकि भारतीय सैनिकों के पास एक बार में एक गोली की मार करने वाली राइफलें थीं, जो दूसरे विश्व युद्ध के बाद बेकार घोषित कर दी गई थीं।

मौसम की मार और हथियारों की इस स्थिति के बावजूद 13 कुमायूँ की 'सी' कम्पनी के मेजर शैतान सिंह इस मनोबल से भरपूर थे कि उनके रेजांग ला के मोर्चे पर अगर दुश्मन हमला करता है तो उसे इसकी भारी कीमत चुकानी होगी। दुश्मन की ओर से सब तरफ आटोमेटिक बन्दूकों की तथा मोर्टार की घेरा बन्दी बनी हुई थी।

चीनी फौजों ने अचानक हमला किया और सचमुच उसे भारी प्रतिरोध का सामना करना पड़ा। युद्ध भूमि दुश्मन के सैनिकों की लाशों से भर गई। उनके गुपचुप हमले का कुमायूंनी सतर्कता के कारण भारत को पता चल गया था।

जब चीनी दुश्मन का अचानक हमला नाकाम हो गया तो उसने रेजांग ला पर मोर्टार तथा रॉकेटों से बंकरों पर गोलीबारी शुरू कर दी। ऐसे में किसी भी बंकर के बचे रह जाने की सम्भावना नहीं थी फिर भी मेजर शैतान सिंह की टुकड़ी ने वहाँ से पीछे हटने का नाम नहीं लिया।

जब सामने से मोर्टार का हमला आगे की सैन्य पंक्ति को साफ कर गया, तब चीनी फौजों ने अपना ध्यान प्लाटून के बीच में केन्द्रित किया। मेजर शैतान सिंह पूरी तरह से घिर गए थे और उन्हें इस बात का पूरा एहसास था। उन्होंने हिम्मत न हारते हुए एक बार फिर अपनी टुकड़ी को संगठित करके उनके ठिकानों पर तैनात किया और उन्हें अपनी नेतृत्व क्षमता से हौसला दिया कि वह आखिरी पल तक जूझ जाएँ। इस दौरान उनकी एक बाँह में गोली लगी और फिर मशीनगन ने उनके पैर पर एक वार किया। इस वार ने उन्हें धराशायी कर दिया।

उनके पास गिनती के जवान थे। उन्होंने कोशिश तो की कि वह अब मेजर शैतान सिंह को उठा कर किसी सुरक्षित ठिकाने पर पहुँचा दें, लेकिन उनके पास इतना अवसर नहीं था। ऐसे में मेजर ने उन्हें आदेश दिया कि उनके सैनिक दुश्मन से जूझते रहें और उन्हें वहीं छोड़ दें।

मेजर शैतान सिंह के हताहत होने ने उनकी जीवित बची सेना को उत्तेजना से भर दिया लेकिन दुश्मन प्रबल था और अन्ततः एक-एक करके मेजर शैतान सिंह के सारे जवान रणभूमि में बलिदान हो गए।

उस बर्फ से ढके रण क्षेत्र में मेजर शैतान सिंह का मृत शरीर तीन महीने बाद पाया गया। उनकी वीरता के लिए उन्हें मरणोपरान्त परमवीर चक्र प्रदान किया गया।

भारत-पाक युद्ध
1965

परमवीर चक्र विजेता

- कम्पनी क्वार्टर मास्टर हवलदार अब्दुल हमीद
- लेफ्टीनेंट कर्नल ए. बी. तारापोरे

कम्पनी क्वार्टर मास्टर हवलदार अब्दुल हमीद

4 ग्रेनेडियर्स (नं. 2639985)

प्रशस्ति वाचन

10 सितम्बर 1965 को, सुबह आठ बजे चीमा गाँव के पास चीन की सेना ने पेटन टैंकों के साथ पूरी रेजिमेंट लेकर भारी हमला बोला। यह हमला खेमकरन क्षेत्र में भिकीविन्ड रोड पर हुआ। इस हमले में भारतीय क्षेत्र में जबरदस्त बमबारी की गई। दुश्मन के टैंक सवेरे 9 बजे तक लगातार बढ़ते रहे।

इस स्थिति ने कम्पनी क्वार्टर मास्टर हवलदार अब्दुल हमीद को परेशान करते हुए उकसाया कि उन्हें भी कुछ करना चाहिए। वह आर.सी.एल. गन डिटैचमैंच की कमान संभाल रहे थे।

अब्दुल हमीद ने एक जीप पर तोप फिट कराई और गोलाबारी तथा गोलियों की बौछार की परवाह किए बगैर निकल पड़े। उन्होंने एक उपयुक्त ठिकाने से दुश्मन के टैंक पर निशाना साधा और उसे नाकाम कर दिया। उसके बाद उन्होंने फुर्ती से अपनी जगह बदली और फिर अपने काम को दोहराते हुए दुश्मन का दूसरा टैंक तबाह कर दिया।

तब तक वह दुश्मन की निगाह में आ गए। उनकी जीप को दुश्मन ने मशीनगन की भारी गोलाबारी के बीच घेर लिया। दुश्मन की इस कार्यवाही से कतई डरे बिना अब्दुल हमीद ने अपनी गोलाबारी जारी रखी और अपनी रिकोयलेस गन से दुश्मन का एक और टैंक भी बेकार कर दिया। अपनी इस कार्यवाही के दौरान वह दुश्मन के खतरनाक बारूदी गोले से गम्भीर रूप से घायल भी हो गए।

हवलदार अब्दुल हमीद के इस बहादुरी भरे कारनामे ने उनके साथियों को जोश से भर दिया और सब मिलकर दुश्मन के हमले को नाकाम करने में जुट गए। अब्दुल हमीद की, अपनी जान की परवाह किए बगैर, दिखाई गई बहादुरी तथा दुश्मन की कार्यवाही का मुकाबला करने की हिम्मत न केवल उनकी टुकड़ी के लिए एक मिसाल बनी, बल्कि उसने पूरे डिवीजन के लिए एक परम्परा रच कर रख दी।

गज़ट ऑफ इण्डिया नोटिफिकेशन
न. 111 प्रेस/65

जम्मू-कश्मीर पर कब्जा करने की कुटिल भावना से प्रेरित होकर पाकिस्तान ने 1947-48 में, विभाजन के तुरन्त बाद भारत पर आक्रमण किया था, जिसमें अप्रत्यक्ष रूप से ब्रिटिश सरकार उसका साथ दे रही थी। उस युद्ध में पाकिस्तान को पराजय का मुँह देखना पड़ा था और भारत के पाँच वीरों को परमवीर चक्र प्राप्त हुआ था। उसके बाद सत्रह वर्ष तक तैयारी और प्रतीक्षा के बाद पाकिस्तान ने फिर सिर उठाया और कोशिश की कि वह कश्मीर पर कब्जा कर ले। इस बार फिर नाकामी ही उसके हाथ लगी और सिद्ध हो गया कि भारत के सेनानियों के मुकाबले पाकिस्तान कहीं नहीं ठहरता।

वर्ष 1965 में किया गया यह हमला पाकिस्तान को बहुत मायनों में गलत साबित कर गया। 1962 में भारत ने चीन से युद्ध लड़ा था इसलिए पाकिस्तान समझ रहा था कि भारत इस समय पस्त पड़ा होगा। मई 1964 में तत्कालीन प्रधानमन्त्री पण्डित जवाहर लाल नेहरू की मृत्यु हो चुकी थी और पाकिस्तान को यह समझने में भयंकर गलती हुई थी कि उनके बाद आए प्रधानमन्त्री लाल बहादुर शास्त्री कहीं अधिक दृढ़ प्रतिज्ञ तथा साहसी नेता हैं। दूसरी तरफ, पाकिस्तान को यह गुमान हुआ था कि कृषि तथा उद्योग के चलते उसकी आर्थिक स्थिति बहुत अच्छी हो गई है। पाकिस्तान अमेरिका से मिले पैटन टैंक, सुपर सॉनिक फाइटर्स और सैबर जेट के दम पर भी उछल रहा था। कुल मिलाकर उसे लगा था कि उसके पास कश्मीर हड़पने का इससे अच्छा मौका कभी नहीं आएगा। चीन से उसके सम्बन्ध अच्छे हो ही गए थे और जनरल अय्यूब खान सैनिक विप्लव के बाद पाकिस्तान की गद्दी पर आ बैठे थे। उन्हें भी कुछ खास कर दिखाना था। कुल मिला कर, इन सारी परिस्थितियों ने पाकिस्तान को सब्जबाग दिखाए और उसने भारत पर हमला करके, कश्मीर को पा लेने का मन बना लिया।

अपने इस मंसूबे में पाकिस्तान ने रणनीति बनाई कि भारत की स्थिति का जायजा लेने के लिए वह छोटा-सा युद्ध कच्छ के रण में छेड़ दे। इससे वह अमरीका से मिली सैन्य सामग्री को ज़रा आजमा भी सकेगा।

इस नीयत से 9 अप्रैल 1965 को पाकिस्तान ने कच्छ के रन में, सीमा पुलिस की एक चौकी, सरदार पोस्ट पर एक ब्रिगेड लेकर हमला किया और उसे तहस-नहस कर डाला। भारत ने इस स्थिति से निपटने में जरा ज्यादा समय लगा या फिर बिना पूरी स्थिति को समझे, एक छोटी-सी टुकड़ी वहाँ भेज दी, जिसे पाकिस्तान के मेजर जनरल टिक्का खान ने अमरीका से मिले पैटन टैंकों के सहारे आसानी से पराजित कर दिया और यह समझने की भूल कर बैठा कि यही हिन्दुस्तान की असली फौजी ताकत है। उसे अपने पर अभिमान हुआ कि उसने कश्मीर को जीतने का यह जो

मौका चुना है, वह एकदम सही है और अब कश्मीर उसका ही हो गया समझो।

पाकिस्तान ने इस पर, युद्ध विराम मान लेना स्वीकार कर लिया। उसने स्वीकार कर लिया कि सेनाएँ युद्ध के पहले की स्थिति में वापस लौट जाएँगी। उसने इस स्वीकृति पर भी दस्तखत कर दिए कि कश्मीर मसले का समझौता एक तीन सदस्यीय टीम प्रस्तावित करेगी।

इस युद्ध विराम की मध्यस्तता ब्रिटेन ने की थी और इससे भारत को यही लगा था कि सब कुछ ठीक-ठाक है। उसे इसमें खतरे की कोई घण्टी नहीं सुनाई पड़ी जब कि पाक किसी भी समझौते को मानने के लिए तैयार नहीं था, बल्कि अपना अगला कदम उठाने की तैयारी कर रहा था, और वह कदम था, कश्मीर पर हमला। 5 से 10 अगस्त 1965 के दौरान हिन्दुस्तानी फौजों ने कश्मीर में घुसपैठियों का भारी जमावड़ा देखा। इन जत्थों ने कुछ भारतीय चौकियों को नष्ट कर दिया और कुछ को खाली करा लिया। इस पर भारत की चौकसी बढ़ी और पकड़े गए घुसपैठियों से पता चला कि पाकिस्तान गोरिल्ला युद्ध के जरिए भारत पर आक्रमण करने की भूमिका बना रहा है। उन घुसपैठियों के पास से जब्त कुछ दस्तावेज़ों से भी यही जानकारी सामने आई। पाकिस्तान नियमित तथा अतिरिक्त सेना के साथ-साथ गोरिल्ला युद्ध भी छेड़ कर भारत के साथ रणक्षेत्र में उतरना चाहता था। इसके लिए उसने तीस हजार गोरिल्लों की एक टोली तैयार की थी, और उन्हें अलग-अलग टुकड़ों में बाँट कर एक-एक फौजी अफसर को सौंप दिया था। पाकिस्तान ने इसे 'ऑपरेशन जिब्राल्टर' का नाम दिया था।

यह सारी सूचना गिरफ्तार घुसपैठियों के पास से, दस्तावेजों के रूप में भारत के पास आ गई, जिससे यह स्पष्ट था कि पाकिस्तानी, जिस जमावड़े को स्वतन्त्रता की माँग करते हुए कश्मीरी बता रहे हैं, वह दरअसल पाकिस्तानी ही है। भारत ने इन दस्तावेजों को संयुक्त राष्ट्र संघ में बतौर सबूत पेश किया लेकिन हमेशा की तरह पाकिस्तान इससे इंकार करता रहा।

3 सितम्बर 1965 को भारत ने संयुक्त राष्ट्र संघ के तत्कालीन महासचिव ऊ थांट को पाकिस्तानी घुसपैठियों से प्राप्त दस्तावेज, बतौर सबूत पेश किए, जिनसे यह पता चला था कि इस 'आपरेशन जिब्राल्टर' की योजना कच्छ के रन में हुए हमले से भी काफी पहले, मई 1965 की थी और जनरल अय्यूब ने खुद एक सेना दल के बीच, जुलाई 1965 में ही इसकी घोषणा की थी।

इस सारे खुलासे के बाद भारत पूरी तरह चेतना में आया और उसने तय कर लिया कि वह गोरिल्ला ठिकानों को पूरी तरह नष्ट कर देगा और इस क्रम में भारत ने हाजी पीर तथा पीर साहिबा ठिकानों को अपने कब्जे में ले लिया।

अब दोनों देशों की सेनाएँ खुलकर युद्ध की मानसिकता में आ गई थीं हालाँकि पाकिस्तान का झूठ प्रलाप अभी भी जारी था। आखिर 10 सितम्बर 1965 को, जैसा

कि अनुमान था पाकिस्तान ने असल उत्तार पर एक सशस्त्र ब्रिगेड के साथ हमला कर ही दिया।

युद्ध का माहौल 8 सितम्बर 1965 से ही गरम हो रहा था। असल उत्तार पर चार ग्रेनेडियर रेजिमेंट के हवलदार अब्दुल हमीद को वहाँ तैनात किया गया था कि वह आर.सी.एल गन्स की बटालियन के साथ वहाँ पहुँचे। अब्दुल हमीद ने अपनी ट्रेनिंग के दौरान म्हो में आर.सी.एल. के इस्तेमाल के कोर्स में अपनी दक्षाता सिद्ध की थी।

बटालियन अपने ठिकाने इछुगिल केनाल पर 8 सितम्बर 1965 को आधी रात को पहुँची थी और उसने जवानों के लिए खाइयाँ खोदनी शुरू कर दी थीं। खाइयाँ बस तीन फीट गहरी खुद पाई थीं। उनके ऊपर ढकने की कोई व्यवस्था नहीं हो पाई थी। उन्हें छिपाने की जरूरत इसलिए नहीं थी क्योंकि यह खाइयाँ गन्ने के घने खेतों के बीच में थीं।

सुबह करीब साढ़े सात बजे दुश्मन के कई टैकों के आने की आवाज सुनाई देने लगी। नौ बजे तक पाकिस्तान के पैटन टैंकों का दस्ता सड़क पर फैल गया। इस पर ग्रेनेडियर्स एकदम तैयार हो गए। जैसे ही आगे वाला टैंक सिर्फ 30 गज के फासले पर रह गया अब्दुल हमीद ने उस पर हमला करके उस टैंक को नष्ट कर दिया। इस अचानक हमले से घबरा कर दो टैंकों के सैनिक, अपने टैंक छोड़कर भाग गए।

उसके बाद साढ़े ग्यारह बजे सशस्त्र सेना का दस्ता लेकर दुश्मन दूसरे हमले के लिए आया और उसने जबरदस्त बमबारी की। तभी अब्दुल हमीद ने एक और टैंक को अपना निशाना बना कर बर्बाद कर दिया और इस बार फिर दो टैंकों के सैनिक टैंक छोड़कर भाग निकले। अब अब्दुल हमीद ने दुश्मन के उन दोनों टैंकों को भी तबाह किया और इस तरह उसने पाकिस्तान के चार पैटन टैंक नाकाम कर दिए। साथ ही इन्जीनियर कम्पनी ने आगे बढ़कर जमीन पर बारूदी सुरंगें बिछाने का काम किया, जिससे टैंक और पैदल फौजें उनसे गुजरते हुए हलाक हो जाएँ।

9 सितम्बर 1965 को सुबह नौ बजे ग्रेनेडियर्स के ठिकाने पर सैबर जैट से बम गिराए गए लेकिन उनसे कोई नुकसान नहीं हुआ। इसके बाद आधे घण्टे के अन्तर पर दुश्मन का एक हमला और हुआ। दो घण्टे के बाद सशस्त्र सेना लेकर दुश्मन फिर आया और ढाई बजे फिर उसकी सशस्त्र सेना ने हमला कर दिया। इस बीच हमीद दुश्मन के चार टैंक नष्ट कर चुका था। इस तरह दुश्मन के तेरह टैंक तबाह हुए और कई बारूदी सुरंगों के बीच छोड़कर उनके सैनिक भाग गए।

अब तक यह स्पष्ट हो चुका था कि दुश्मन के पास सैनिकों का जबरदस्त जमावड़ा है और उसकी सशस्त्र सेना की शक्ति भी कमतर नहीं है। फिर भी भारतीय

सैनिकों का मनोबल बेहद बुलन्द था। दुश्मन आर.सी.एल. गन्स से लड़ रहा था, जिसमें हमीद को महारत हासिल थी।

10 सितम्बर 1965 को बटालियन पर जबरदस्त बमबारी हुई और उम्मीद की जा रही थी कि एकदम सुबह पैदल फौजों का हमला हो सकता है। सुबह साढ़े आठ बजे टैंकों का एक दस्ता फिर हमले पर आया। एक टैंक सड़क के बीच में था और दो सड़क के दोनों किनारों पर एक-दूसरे से 200 गज के फासले पर। इस स्थिति में बेहद सतर्क अनुशासन रखते हुए, जब टैंक काफी पास आ गए, तब हमीद ने एक और टैंक तबाह कर डाला और अपनी आर.सी.एल. गन का ठिकाना दूसरी तरफ मोड़ दिया। करीब आधे घण्टे बाद दुश्मन ने फिर हमला करने की कोशिश की और उसका एक और टैंक हमीद का निशाना बन गया। दुश्मन की बमबारी भी जारी थी। हमीद की आर.सी.एल. गन एक खुली जीप पर थी, इसलिए वहाँ बमबारी का खतरा भी काफी था लेकिन हमीद अभी तक अपनी सतर्कता के कारण बचे हुए थे।

उसके बाद अब्दुल हमीद की नजर दुश्मन के एक और टैंक पर पड़ी लेकिन अब्दुल हमीद भी पाकिस्तान के टैंक गनर के निशाने पर आ चुके थे। यह इतना अचानक हुआ था कि हमीद के लिए अब घूमकर बच निकलना सम्भव नहीं था तो उसने बस अपनी आर.सी. एल. गन. घुमाई और निशाना दाग दिया। निशाना दुश्मन ने भी दागा और कम्पनी क्वाटर मास्टर हवलदार अब्दुल हमीद वहीं ढेर हो गए। वह इतना भी नहीं देख सके कि उनके निशाने से उस टैंक का क्या हश्र हुआ।

इस तरह 1 जुलाई 1933 को उत्तर प्रदेश में जन्मे और 27 सितम्बर 1954 को 4 ग्रेनेडियर में आए पराक्रमी अब्दुल हमीद दुश्मन के टैंक चटकाते हुए असल उत्तार के मोर्चे पर शहीद हो गए। सेना के सेवाकाल में उन्होंने जम्मू कश्मीर युद्ध में सैन्य सेवा मेडल लिया था और 1965 की लड़ाई में उन्हें समर सेवा मेडल तथा रक्षा मेडल दिया गया था इस अन्तिम युद्ध ने उन्हें परमवीर चक्र प्रदान कराया, जो उन्हें मरणोपरान्त प्राप्त हुआ।

लेफ्टिनेंट कर्नल ए.बी. तारा पोरे

पूना हॉर्स (I.C. 5565)

प्रशस्ति वाचन

11 सितम्बर 1965 को लेफ्टिनेंट कर्नल अर्देशिर बर्जारी तारापोरे पूना हॉर्स रेजिमेंट की अगुवाई कर रहे थे और उन्हें यह जिम्मा दिया गया था कि वह पाकिस्तान के सियालकोट सेक्टर में फिल्लोरा पर कब्जा करने के लिए मुख्य आर्म्ड टुकड़ी की कमान संभालें।

फिल्लौरा पर अचानक हमला करने की तैयारी के दौरान, जब रेजिमेंट फिल्लौरा और चाविंडा के बीच कार्यवाही में थी, तब इस रेजिमेंट पर दुश्मन की आर्म्ड टुकड़ी ने वजीराली से जबरदस्त गोलाबारी शुरू कर दी। उस समय तारापोरे ने अपनी रेजिमेंट के नायक के तौर पर दुश्मन के हमले को चुनौती दी और अपनी पकड़ बनाए रखते हुए एक स्क्वेड्रन के साथ फिल्लौरा पर हमला कर दिया। उनके साथ पैदल सेना की टुकड़ी भी लड़ाई में शामिल थी। दुश्मन की भारी गोलीबारी के बावजूद तारापोरे निर्भीकता पूर्वक दुश्मन से जूझते रहे। युद्ध में वह घायल हो गए, फिर भी उन्होंने रण से पीछे हटना मंजूर नहीं किया।

14 सितम्बर 1965 को तारापोरे ने वजीराली फतह करने का मंसूबा बनाया, बावजूद इसके, कि वह घायल हो चुके थे। अपने अदम्य साहस और मनोबल के दम पर, तारापोरे ने अपनी रेजीमेंट की अगुवाई की और 10 सितम्बर 1965 को जसोरान तथा बुंतुर-डागरांही पर कब्जा जमा लिया।

उस लड़ाई में ए. बी. तारापोरे का टैंक कई बार दुश्मन की गोलियों का निशाना बना। फिर भी, तमाम मुश्किलों के बावजूद, उन्होंने अपनी टुकड़ी को ऐसी रणनीति दी कि उनकी पैदल सेना चाविंडा पर दूसरे सिरे से हमला कर सकी।

तारापोरे के नेतृत्व का कौशल यह रहा कि रेजीमेंट ने दुश्मन की भारी तोपों से लैस सेना पर धावा बोला और उसके साठ टैंक नष्ट कर दिए, जब कि भारत के केवल नौ टैंकों का नुकसान हुआ। सेना के मनोबल का यह हाल था कि तारापोरे के गम्भीर रूप से घायल हो जाने के बाद भी सेना दुश्मन से बराबर लोहा लेती रही।

लेफ्टिनेंट कर्नल ए. बी. तारापोरे द्वारा दर्शाया गया यह बहादुरी भरा कारनामा जो लगातार छह दिन चला, भारतीय सेना के लिए एक ऊँची परम्परा का आदर्श स्थापित कर गया

गज़ट ऑफ इण्डिया नोटिफिकेशन
नं 112 प्रेस/65

शौर्य गाथा

अलग राष्ट्र हो जाने के बाद पाकिस्तान हर हालत में कश्मीर को हथिया लेने पर उतारू था। 1947-48 में विभाजन के तुरन्त बाद पाकिस्तान ने बिना सब्र दिखाए कश्मीर पर फौजी हमला कर दिया था, जबकि जम्मू कश्मीर के महाराजा हरि सिंह ने अपना यह निर्णय देने के लिए समय माँगा था, कि वह किसी देश के साथ मिलना चाहते हैं या स्वतन्त्र रियासत बने रहना चाहते हैं। उस लड़ाई में पाकिस्तान को मुँह की खानी पड़ी थी। पाकिस्तान हार तो गया था लेकिन चुप नहीं बैठा था उसकी नजर जम्मू-कश्मीर पर लगी ही हुई थी।

1962 में भारत ने चीन से युद्ध लड़ा था, जिसके प्रभाव से उबरने में उसे समय लग रहा था। मई 1965 में तत्कालीन प्रधानमन्त्री पण्डित जवाहर लाल नेहरू दिवंगत हुए थे और उनके बाद लाल बहादुर शास्त्री प्रधानमन्त्री बनकर आए थे। पाकिस्तान ने यह समझने में भूल की थी, कि लाल बहादुर शास्त्री दरअसल कितने दृढ़ व्यक्ति हैं। ऐसे में उसके मन में कुटिलता ने फिर सिर उठाया था और उसने एक बार फिर कश्मीर झपटने के लिए युद्ध छेड़ने का मन बना लिया था।

पाकिस्तान इस गुमान में था कि उसकी आर्थिक स्थिति कृषि तथा औद्योगिक क्षेत्र में मजबूत हुई है। उसके पास अमेरिका से जुटाई हुई जबरदस्त सैन्य सामग्री है तिसमें पैटन टैंक का नाम उसके दिल में सबसे ज्यादा उछल रहा था। साइबर जैट के चार दस्ते भी उसे जोश दिला रहे थे। नेहरू का प्रभाव उनके जाने के साथ पाकिस्तान के मन से मिटने लगा था, फिर क्या था, पाकिस्तान को लगा कि कश्मीर को जीत लेने के लिए इससे ज्यादा सुनहरा मौका वह नहीं पा सकता।

पहले तो पाकिस्तान ने, महज स्थितियों का जायजा लेने के लिए कच्छ के रन में एक सीमित दायरे का युद्ध रचा और इस युद्ध की कमान वहाँ के मेजर जनरल टिक्का खान ने संभाली। पाकिस्तान की ओर से यह हमला 9 अप्रैल 1965 को किया गया। भारत ने इसका जवाब तो दिया लेकिन उस जवाब से वह पाकिस्तान को यह समझाने में चूक गया कि भारत से उलझना इस बार भी उसके लिए हार को

न्योता देने जैसा होगा। बल्कि कच्छ का नतीजा पाकिस्तान को हौसला दे गया कि वह इस समय कश्मीर को हड़प सकता है।

कच्छ के रण का युद्ध अन्तरराष्ट्रीय हस्तक्षेप से रुक गया। पाकिस्तान को युद्ध विराम स्वीकार करके युद्ध के पहले की यथा स्थिति तक वापस आना पड़ा। पाकिस्तान ने 30 जून 1965 को युद्धविराम के बाद इस प्रस्ताव पर हस्ताक्षर किए कि इस स्थिति पर तीन सदस्यों का दल एक समझौते की रूपरेखा तैयार करेगा।

भारत इस प्रस्ताव तथा युद्धविराम से निश्चिंत हो गया लेकिन पाकिस्तान के मन में तो सिर्फ युद्ध का उबाल था और उसे कश्मीर अपनी झोली में दिख रहा था। उसके लिए कोई निष्पक्षीय वार्ता, कुछ भी अर्थ नहीं रखती थी।

अगस्त के पहले पखवारे, 1965 में भारतीय सेना को पता चला कि कश्मीर की सीमा पर पाकिस्तान का जबरदस्त जमावड़ा बन रहा है। पाकिस्तान ने इस लड़ाई की तैयारी में जो रणनीति अपनाई थी उसके अनुसार यह दुतरफा युद्ध होना था। एक तो सामान्य फौजी लड़ाई, दूसरे सिरे पर प्रशिक्षित गोरिल्ला युद्ध। पाकिस्तान का अंदाज था कि यह नीति उसे जरूर कामयाब करेगी। पाकिस्तान ने इसे 'आपरेशन जिब्राल्टर' का नाम दिया। पाकिस्तान इस बार इस सपने को साकार करने के मंसूबों में था कि कश्मीर तो उसका हुआ ही समझो।

सितम्बर 1965 के शुरू में ही पाकिस्तान ने अपनी कार्यवाही बाकायदा अपने सैन्य बल के साथ शुरू कर दी। यह लड़ाई भी कई मोर्चों पर हुई लेकिन चाविन्डा के रणक्षेत्र में लड़ा गया युद्ध विशेष महत्त्व रखता है। स्यालकोट सेक्टर में चाविन्डा की फतह का श्रेय 17 पूना हॉर्स के लेफ्टिनेंट कर्नल आर्देशिर बरजोरजी तारापोरे को जाता है, जिन्हें प्यार से उनके साथी आदी कहते थे।

आदी, का जन्म 18 अगस्त 1923 को बम्बई में हुआ था। उनके पुरखों का सम्बन्ध छत्रपति शिवाजी महाराज की सेना से था जिन्हें वीरता के पुरस्कार स्वरूप सौ गाँव दिए गए थे। उनमें एक मुख्य गाँव का नाम तारा पोर था। इसलिए यह लोग तारापोरे कहलाए।

बहादुरी की विरासत लेकर जन्मे तारापोरे की प्रारम्भिक शिक्षा सरदार दस्तूर व्वायज़ स्कूल पूना में हुई, जहाँ से उन्होंने 1940 में मैट्रिक पास किया। उसके बाद उन्होंने फौज में दाखिला लिया। उनका सैन्य प्रशिक्षण ऑफिसर ट्रेनिंग स्कूल गोलकुंडा में पूरा हुआ, और वहाँ से वह बैंगलोर भेज दिए गए। उन्हें 1 जनवरी 1942 को बतौर कमीशंड ऑफिसर 7वीं हैदराबाद इन्फेन्टरी में नियुक्त किया गया। आदी ने यह नियुक्ति स्वीकार तो कर ली लेकिन उनका मन बख्तरबंद रेजिमेंट में जाने का था, जिसमें टैंक द्वारा युद्ध लड़ा जाता है। वह उसमें पहुँचे भी लेकिन कैसे, यह प्रसंग भी रोचक है।

एक बार उनकी बटालियन का निरीक्षण चल रहा था जिसके अधिकारी प्रमुख मेजर जनरल इंड्रोज थे। इन्ड्रोज स्टेट फोर्सेस के कमाण्डर इन चीफ भी थे। उस समय आदी की सामान्य ट्रेनिंग चल रही थी, जिसमें हैण्ड ग्रेनेड फेंकने का अभ्यास जारी था। उसमें एक रंगरूट ने ग्रेनेड फेंका, जो गलती से असुरक्षित क्षेत्र में गिरा। उसके विस्फोट से नुकसान की बड़ी सम्भावना थी। ऐसे में, आदी ने फुर्ती से छलाँग लगाई और उस ग्रेनेड को उठाकर सुरक्षित क्षेत्र में उछाल दिया। लेकिन इस बीच वह ग्रेनेड फटा और उसकी लपेट में आदी घायल हो गए। जब आदी ठीक हुए तो इंड्रोज ने उन्हें बुला कर उनकी तारीफ की। उसी दम आदी ने आर्म्ड रेजिमेंट में जाने की इच्छा प्रकट की जो मान ली गई। इस तरह वह 1 हैदराबाद इम्पीरियल सर्विस लान्सर्स में लाए गए।

यही आदी, यानी लेफ्टिनेंट कर्नल ए. बी. तारापोरे, 11 सितम्बर 1965 को स्यालकोट सेक्टर में थे और पूना हॉर्स की कमान सम्हाल रहे थे। चाविंडा को जीतना 1 कोर्पस का मकसद था।

11 सितम्बर 1965 को तारापोरे को स्यालकोट पाकिस्तान के ही फिल्लौरा पर अचानक हमले का काम सौंपा गया। फिल्लौरा पर एक तरफ से हमला करके भारतीय सेना का इरादा चाविंडा को जीतने का था। इस हमले के दौरान तारापोरे अपनी टुकड़ी के साथ आगे बढ़ ही रहे थे कि दुश्मन ने वज़ीराली की तरफ से अचानक ज़वाबी हमले में जबरदस्त गोलाबारी शुरू कर दी। तारापोरे ने इस हमले का बहादुरी से सामना किया और अपने एक स्क्वेड्रन को इन्फेन्टरी के साथ लेकर फिल्लौरा पर हमला बोल दिया। हालाँकि तारापोरे इस दौरान घायल हो गए थे, लेकिन उन्होंने रण नहीं छोड़ा और जबरदस्त गोलाबारी करते हुए डटे रहे।

14 सितम्बर को 1 कोर्पस के ऑफिसर कमांडिंग ने विचार किया कि जब तक चाविंडा के पीछे बड़ी फौज का जमावड़ा न बना लिया जाए, तब तक शहर तक कब्जा कर पाना आसान नहीं होगा। इस हाल को देखते हुए उन्होंने 17 हॉर्स तथा 8 गढ़वाल राइफल्स को हुकुम दिया कि 16 सितम्बर को जस्सोरान बुंतुर डोगरांडी में इकट्ठा हों।

16 सितम्बर 1965 को ही 17 हार्स ने 9 डोगरा की एक कम्पनी के साथ मिलकर जस्सोरान पर कब्जा कर लिया, हालाँकि इससे उनका काफी नुकसान हुआ। उधर 8 गढ़वाल कम्पनी बुंतूर अग्राडी पर फतह पाने में कामयाब हो गई। इस मोर्चे पर भी हिन्दुस्तानी फौज ने बहुत कुछ गँवाया और 8 गढ़वाल के कमांडिंग ऑफिसर झिराड मारे गए।

17 हॉर्स के साथ तारापोरे चाविंडा पर हमला बनाते हुए डटे हुए थे। मुकाबला घमासान था। इसलिए 43 गाड़ियों के साथ एक टुकड़ी को हुकुम दिया गया कि

वह भी जाकर चाविंडा के हमले में शामिल हो जाए लेकिन वह टुकड़ी वक्त पर नहीं पहुँच पाई और हमला रोक देना पड़ा।

उधर तारापोरे की टुकड़ी उनके जोश भरे नेतृत्व में जूझ रही थी। उन्होंने दुश्मन के साठ टैंकों को बर्बाद किया था जिसके लिए सिर्फ नौ टैंक गंवाने पड़े थे।

इसी सूझ भरे युद्ध में जब तारापोरे टैंक की लड़ाई लड़ रहे थे, तभी वह दुश्मन के निशाने पर आ गए और उन्होंने दम तोड़ दिया। तारापोरे तो शहीद हो गए, लेकिन उनकी सेना इससे दुगने जोश से भर उठी और उसकी लड़ाई जारी रही।

भारत सरकार ने लेफ्टिनेंट कर्नल ए. बी. तारापोरे को परमवीर चक्र से मरणोपरान्त सम्मानित किया। वह सचमुच देश का गौरव थे। उससे भी बड़ी बात एक और रही। पाकिस्तान के मेजर आगा हुमायूँ खान और मेजर शमशाद ने चाविंडा के युद्ध पर एक आलेख लिखा, जो पाकिस्तान के डिफेंस जरनल में छपा। उसमें इन दोनों पाकिस्तानी अधिकारियों ने लेफ्टिनेंट कर्नल ए. बी. तारापोरे के विषय में लिखा, कि वह एक बहादुर और अजेय योद्धा थे, जिन्होंने पूरे युद्ध काल में 17 पूना हॉर्स का बेहद कुशल संचालन किया।

जिस वीर की प्रशंसा शत्रुपक्ष भी करने को मजबूर हो जाए, उसकी वीरता का क्या मुकाबला है भला!

भारत-पाक (बांग्लादेश) युद्ध 1971

परमवीर चक्र विजेता

- लांस नायक एल्बर्ट एक्का
- फ्लाइंग ऑफिसर निर्मलजीत सिंह सेखों
- सेकेन्ड लेफ्टीनेंट अरुण खेत्रपाल
- मेजर होशियार सिंह

लांस नायक एल्बर्ट एक्का

14 गार्ड्स (नं. 4239746)

प्रशस्ति वाचन

पूर्वी सीमा पर गंगा सागर में दुश्मन के सुरक्षा ठिकाने पर हमला करने की भारत की योजना थी। सुरक्षा गार्ड्स ब्रिगेड की बटालियन में लेफ्ट फारवर्ड की कम्पनी में लांस नायक एलबर्ट एक्का तैनात थे। जहाँ भारत को धावा बोलना था, वह दुश्मन का एक मजबूत गढ़ था। भारत की आक्रमणकारी फौज को बमबारी के साथ गोलियों की भारी बौछार का भी सामना करना पड़ रहा था। फिर भी उसके सिपाही आगे बढ़कर आमने-सामने की मुठभेड़ कर रहे थे।

ऐसे में एल्बर्ट एक्का ने देखा कि दुश्मन की ओर से लाइट मशीन गन से होने वाली गोलाबारी ज्यादा नुकसान पहुँचा रही है। यह देखकर अपनी जान की परवाह किए बिना एल्बर्ट ने दुश्मन के उस बंकर पर धावा बोला, दुश्मन के दो जवानों को संगीन से मार गिराया और इस तरह से लाइट मशीनगन का कहर खामोश कर दिया।

इस काम को निभाने तक एल्बर्ट एक्का काफी घायल हो गए थे, फिर भी उन्होंने खुद को युद्ध से परे नहीं किया और अपने साथियों के साथ शामिल होकर गोलियाँ दागते रहे। उनका लक्ष्य दूर था लेकिन वह एक के बाद एक बंकर बड़ी बहादुरी से पार करते जा रहे थे।

लक्ष्य के उत्तरी सिरे से, जहाँ एक गढ़ दुश्मन ने बना रखा था, उसकी ऊपरी मंजिल से एक फौजी ने मीडियम मशीनगन से गोलियाँ दागनी शुरू कर दीं, जिससे बहुत से भारतीय सैनिक हताहत हो गए। तब, एक बार फिर इस बहादुर जवान, लांस नायक एल्बर्ट एक्का ने गम्भीर रूप से घायल होने के बावजूद, दुश्मन की भीषण गोलाबारी के बीच से, बिना अपनी सुरक्षा का ख्याल किए अपना करिश्मा दिखाया।

एल्बर्ट एक्का जमीन पर रेंगते हुए उस गढ़ तक गया और उसने उसके बंकर में एक ग्रेनेड फेंक दिया। एल्बर्ट के इस निशाने से दुश्मन का एक सिपाही मारा गया और दूसरा बुरी तरह जख्मी हो गया। लेकिन मीडियम मशीनगन फिर भी गोलियाँ उगलती रही। अपनी पूरी हिम्मत तथा हौसले के साथ एल्बर्ट एक्का ने उस गढ़ की एक दीवार फाँदते हुए बंकर में

प्रवेश किया और अपने बैनेट से उस मशीनगन दागने वाले सिपाही को मौत की नींद सुला दिया। एल्बर्ट के इस कारनामें से भारतीय सेना पर होने वाली गोलाबारी पर रोक लग गई।

अपने इन कारनामों से एल्बर्ट ने अपना लक्ष्य तो पूरा कर लिया लेकिन उसके बाद उनके जख्मों ने उनके प्राण ले लिए।

एल्बर्ट एक्का ने इस तरह दृढ़ निश्चय तथा हद दर्जे की बहादुरी का प्रदर्शन किया और अपने सर्वस्व बलिदान से सेना की परम्परा का निर्वाह कर दिखाया।

गज़ट ऑफ इण्डिया नोटिफिकेशन
नं. 7 प्रेस/72

शौर्य गाथा

भारत और पाकिस्तान के बीच वह लड़ाई, जिसमें पाकिस्तान से टूट कर उसका पूर्वी हिस्सा एक नए राष्ट्र बांग्लादेश के रूप में उदय हुआ था, वह 3 दिसम्बर 1971 को शुरू हुई थी। यह लड़ाई 14 दिनों तक चली थी और इसमें भारत के चार पराक्रमी बहादुरों को परमवीर चक्र का सम्मान दिया गया था। चार में से तीन वीर योद्धा तो लड़ते-लड़ते रणभूमि में बलिदान हो गए थे। लांस नायक एल्बर्ट एक्का उन्हीं तीन में से एक शूरवीर सैनिक थे। इन्होंने भी यह सम्मान मरणोपरान्त प्राप्त किया।

3 दिसम्बर 1971 पाकिस्तान से भारत युद्ध का पहला दिन था, 14 गार्ड्स को यह जिम्मेदारी सौंपी गई थी कि वह गंगा सागर पर कब्जा जमाए और फिर उसे सुरक्षित रखे। 14 गार्ड्स के साथ एक 4 कॉर्प्स की बटालियन और थी, जिसकी कार्यवाही के लिए गंगा सागर पर भारत का कब्जा होना जरूरी था।

14 गार्ड्स ने गंगा सागर के दक्षिण में, अखौरा रेलवे स्टेशन से चार किलो मीटर दूर अपना ठिकाना बनाया और अपना सुरक्षा चक्र बना लिया। उसका मुख्य सुरक्षा केन्द्र ऊँचाई पर रेलवे स्टेशन के पास बनाया गया। आस-पास के क्षेत्र में ज्यादातर दलदल था और बाकी जगहों पर दुश्मन ने कदम-कदम पर बारूदी जमीनी सुरंगे बना रखी थीं जिन पर पैदल सैनिक या टैंकों का जाना खतरनाक था। दुश्मन का सुरक्षा चक्र बेहद फुर्सत से और बहुत बारीकी से बनाया गया था। उसने गंगा सागर को अपने मजबूत गढ़ की तरह सुरक्षित कर रखा था। गंगा सागर में ही फौज की एक कम्पनी का जमावड़ा था।

गश्त के दौरान 14 गार्ड्स के सिपाहियों ने देखा कि दुश्मन के जवान रेलवे ट्रैक पर बेफिक्री से आ जा रहे हैं। इसका मतलब यह था कि उस ट्रैक पर कोई जमीनी सुरंग नहीं बनाई गई थी। यह जानकारी महत्त्वपूर्ण थी।

इस जानकारी के आधार पर बटालियन की दो कम्पनियों ने साथ होकर दुश्मन के सुरक्षा चक्र पर रेलवे ट्रेक के साथ-साथ आक्रमण कर दिया और दुश्मन के नजदीक पहुँच पाने में कामयाब हो गए। जब वह सिर्फ सौ गज दूर रह गए, तब पाकिस्तानी फौज की तरफ से आटोमेटिक गन से अँधाधुँध गोलियों की बौछार होने लगी। लेकिन भारत की कम्पनियाँ भी अपना लक्ष्य सिद्ध करने के जोश में थीं इसलिए वह जवाबी कार्यवाही करते हुए बढ़ती रही और जल्दी ही दुश्मन से आमने-सामने की मुठभेड़ का मौका बन गया।

ठीक इसी मौके पर लांस नायक ने बहादुरी का अपना कारनामा दिखाया। वह आगे बढ़ने वाली टुकड़ी में भी सामने की तरफ था। वहाँ पर स्थिति ऐसी बन गई थी कि पहले ग्रेनेड की मार से दुश्मन की गोलाबारी की लगाम कसी जाए फिर संगीन के वार से आमने-सामने की लड़ाई में दुश्मन की फौज का सफाया किया जाए। दुश्मन की एक लाइट मशीन गन से लगातार गोलियाँ छूट रही थीं और एल्बर्ट एक्का की नजर उस जवान को खामोश कर देने पर तुली थी। उस समय लांस नायक एल्बर्ट एक्का भी घायल हो चुके थे। उनके पेट में जख्म हो गया था। इसके बावजूद एक्का ने अपने संगीन से दुश्मन के दो सैनिकों को मार गिराया और बहादुरी से उस लाइट मशीनगन पर कब्जा कर लिया। तभी देखा गया कि एक मीडियम मशीनगन और भी है जो दुश्मन की तरफ से गोलियाँ उगल रही है। एल्बर्ट एक्का ने उसको भी ठिकाने लगाने का निश्चय किया। इस काम के लिए उसने ग्रेनेड का इस्तेमाल किया। पहले तो उसने एक झरोखे से ग्रेनेड फेंका फिर संगीन के प्रहार से उस मीडियम मशीनगन को भी खामोश कर दिया।

एल्बर्ट एक्का के इस कदम से कम्पनी के लिए यह बेहद आसान हो गया कि वह गंगा सागर को कब्जे में लेते। कम्पनियों ने गंगा सागर पर अपनी फतह हासिल कर ली, लेकिन इस बीच गम्भीर रूप से घायल लांस नायक एल्बर्ट एक्का गार्ड्स का नाम रौशन करते हुए वीर गति को प्राप्त हुए।

गंगा सागर की फतह के बाद दक्षिणी तथा दक्षिण पश्चिमी छोर से अखौरा तक पहुँचना भारतीय फौजों के लिए आसान हो गया और नतीजा यह हुआ कि भारतीय फौज के हमले के आगे दुश्मन को अखौरा भी छोड़कर भागना पड़ा।

एल्बर्ट एक्का का जन्म 27 दिसम्बर 1942 को अब के जिला जुमैला के गाँव जारी में हुआ था। यह गाँव चैन पुर तहसील में पड़ने वाला एक आदिवासी क्षेत्र है, और झारखण्ड राज्य का हिस्सा है। इनके पिता का नाम जूलियस तथा माँ का नाम मरियम था। एल्बर्ट की दिली इच्छा फौज में जाने की थी, जो दिसंबर 1962

को पूरी हुई। उन्होंने फौज में बिहार रेजिमेंट से अपना कार्य शुरू किया। बाद में जब 14 गार्ड्स का गठन हुआ, तब एल्बर्ट अपने कुछ साथियों के साथ वहाँ स्थानान्तरित कर दिए गए। एल्बर्ट एक अच्छे योद्धा तो थे ही, यह हॉकी के भी अच्छे खिलाड़ी थे। वह इनके अनुशासन का ही प्रभाव था कि ट्रेनिंग के ही दौरान एल्बर्ट एक्का को लांस नायक बना दिया गया था।

पाकिस्तान की यह 1971 की लड़ाई, जिसमें पाकिस्तान ने अपना पूर्वी हिस्सा गँवाया, पाकिस्तान की आन्तरिक समस्या का नतीजा थी। भारत के विभाजन से बंगाल का पूर्वी हिस्सा पाकिस्तान में चला गया था जो पूर्वी पाकिस्तान कहलाता था। पूर्वी पाकिस्तान, जाहिर है बांग्ला बहुल क्षेत्र था, जबकि पाकिस्तान में मुस्लिम बहुल उर्दू भाषी सत्तारूढ़ थे। और उनकी सत्ता का केन्द्र पश्चिमी पाकिस्तान में था।

इस स्थिति के कारण पूर्वी पाकिस्तान सत्ता की ओर से अमानवीय और पक्षपात पूर्ण व्यवहार का शिकार हो रहा था। ऐसी परिस्थिति में जब 7 दिसम्बर 1970 के चुनावों में पूर्वी पाकिस्तान की पार्टी अवामी लीग के नेता शेख मुजीबुर्रहमान को भारी बहुमत मिला तो पश्चिम की सत्ता हिल गई। तत्कालीन प्रधानमन्त्री भुट्टो और राष्ट्रपति याहया खान इस नतीजे के लिए कतई तैयार नहीं थे। इन्होंने संसद का गठन रोक कर अपना स्पष्ट इरादा जाहिर कर दिया कि वह इस चुनाव परिणाम को मान्यता नहीं देने वाले हैं। पूर्वी पाकिस्तान के लिए यह असहनीय था। वहां इस बात को लेकर आन्दोलन छिड़ गया जिसमें छात्र, नागरिक तथा सभी सरकारी, गैर सरकारी विभाग आकर जुड़ गए।

यह आन्दोलन पश्चिमी पाकिस्तान के लिए चुनौती बन गया। भुट्टो और याहया खान ने इसे दबाने के लिए जबरदस्त दमन चक्र चलाया जिसका नायक टिक्का खान को बनाया गया। लेफ्टिनेन्ट जनरल टिक्का खान की छवि एक बर्बर फौजी की थी, जिसने पूर्वी क्षेत्र के नागरिकों पर इतनी अमानवीय और निर्मम कार्यवाही की, कि वह सारे वहाँ से भागकर भारत आ पहुँचे। देखते-देखते भारत में लाखों की तादाद में बांग्ला भाषी, पूर्वी पाकिस्तानी भर गए, जिनकी व्यवस्था करना भारत के लिए भारी पड़ने लगा। भारत ने पाकिस्तान से इस बारे में बात की लेकिन पाकिस्तान ने अपना हाथ झाड़ लिया। उसने कहा कि शरणार्थियों ने निपटना भारत की अपनी समस्या है।

फिर तो भारत को युद्ध में उतरना ही था। 3 दिसम्बर 1971 को युद्ध की स्थिति बनी और 17 दिसम्बर 1971 को पाकिस्तान ने पराजय का मुँह देखा और वह टूट कर दो हिस्से हो गया जिसमें एक नवोदित राष्ट्र बांग्लादेश कहलाया।

इस युद्ध की विजय में जिन वीरों का विशेष योगदान है, उनमें लांस नायक एल्बर्ट एक्का का नाम भी सम्मान पूर्वक दर्ज है। उन्हें मरणोपरान्त परमवीर चक्र से सम्मानित किया गया। देश को उन पर गर्व है।

फ्लाइंग ऑफिसर निर्मल जीत सिंह सेखों
भारतीय वायुसेना (नं. 108877 FCPS)

प्रशस्ति वाचन

फ्लाइंग ऑफिसर निर्मलजीत सिंह सेखों एक नेट के बेड़े के पायलट थे और श्रीनगर में पाकिस्तान के हवाई हमले से घाटी की सुरक्षा के लिए तैनात थे। युद्ध की शुरुआत से ही, नेट हवाई टुकड़ी की प्रतिष्ठा बनाए रखते हुए निर्मलजीत दुश्मन के कई दौरों में किए गए हमलों को नाकाम करने का यश जीत चुके थे।

14 दिसम्बर 1971 को श्रीनगर की एयर फील्ड पर दुश्मन के छह सेबर जेट विमानों के दल ने हमला किया। फ्लाइंग ऑफिसर सेखों अपनी ड्यूटी पर पूरी तरह से मुस्तैद थे। तभी अचानक कम-से-कम छह जहाज लेकर दुश्मन आकाश में आ पहुँचा और एयर फील्ड पर गोली तथा बम बरसाने लगा। फ्लाइंग ऑफिसर ने तुरन्त अपना जहाज उड़ाया और दुश्मन के दो सेबर जेट विमानों को निशाना बना दिया। तभी दुश्मन का एक सेबर जेट अपने पाकिस्तानी साथी की मदद के लिए आगे बढ़ा और फ्लाइंग ऑफिसर का नेट पैर में आ गया। वह अकेले थे और दुश्मन के चार विमान उनके इर्द-गिर्द थे। इसके बावजूद फ्लाइंग ऑफिसर ने मोर्चा संभाले रखा। लड़ाई बहुत ऊँचे आसमान में नहीं चल रही थी। बहादुरी के बावजूद निर्मलजीत सिंह सेखों अकेले पड़ने के कारण कठिनाई में थे, कि तभी उनका विमान दुर्घटना ग्रस्त हुआ और निर्मलजीत सिंह लड़ते हुए शहीद हो गए।

ज्वलन्त नायक तथा बेहद बहादुर निर्मलजीत सिंह ने अपनी प्रतिबद्धता का अद्‌भुत उदाहरण पेश किया। केवल कर्तव्य पालन के लिए नहीं, बल्कि शौर्य के आग्रह से फ्लाइंग ऑफिसर ने निस्सन्देह मौत को गले लगाया। उनके इस बलिदान ने वायु सेना की परम्परा में एक नया आदर्श स्थापित किया।

गज़ट ऑफ इण्डिया नोटिफिकेशन
नं. 7 प्रेस/72

भारतीय वायु सेना से परमवीर चक्र के एकमात्र विजेता फ्लाइंग ऑफिसर निर्मलजीत सिंह सेखों ने 1971 में पाकिस्तान के विरुद्ध लड़ते हुए उस युद्ध में वीरगति पाई जिसमें भारत विजयी हुआ और पाकिस्तान से टूट कर उसका एक पूर्वी हिस्सा, बांग्लादेश के नाम से स्वतन्त्र राष्ट्र बन गया। इस समय निर्मलजीत सिंह श्रीनगर वायु सेना के हवाई अड्डे पर मुस्तैदी से तैनात थे और नेट हवाई जहाजों पर अपने करिश्मे के लिए निर्मलजीत सिंह उस्ताद माने जाते थे।

पश्चिमी सेक्टर में श्रीनगर की एयरफील्ड पर पाकिस्तानी वायु सेना के हमले बार-बार हो रहे थे और भारतीय वायु सेना के 18 नेट स्क्वेड्रन को एयर फील्ड की सुरक्षा के लिए तैनात किया गया था।

14 दिसम्बर 1971 को श्रीनगर एयर फील्ड पर पाकिस्तान के छह सैबर जेट विमानों ने हमला किया था। सुरक्षा टुकड़ी की कमान संभालते हुए फ्लाइंग ऑफिसर निर्मलजीत सिंह वहाँ पर 18 नेट स्क्वाड्रन के साथ तैनात थे। दुश्मन F-86 सेबर जेट विमानों के साथ आया था। उस समय निर्मलजीत के साथ फ्लाइंग लैफ्टिनेंट घुम्मन भी कमर कस कर मौजूद थे। एयर फील्ड में एकदम सवेरे काफी धुँध थी।

सुबह 8 बजकर 2 मिनट पर चेतावनी मिली थी कि दुश्मन आक्रमण पर है। निर्मलजीत सिंह तथा घुम्मन ने तुरन्त अपने उड़ जाने का संकेत दिया और उत्तर की प्रतीक्षा में दस सेकेण्ड के बाद बिना उत्तर उड़ जाने का निर्णय लिया। ठीक 8 बजकर 4 मिनट पर दोनों वायु सेना-अधिकारी दुश्मन का सामना करने के लिए आसमान में थे। उस समय दुश्मन का पहला F-86 सेबर जेट एयर फील्ड पर गोता लगाने की तैयारी कर रहा था।

एयर फील्ड से पहले घुम्मन के जहाज ने रन वे छोड़ा था। उसके बाद जैसे ही निर्मलजीत सिंह का नेट उड़ा, रन वे पर उनके ठीक पीछे एक बम आकर गिरा। घुम्मन उस समय खुद एक सेबर जेट का पीछा कर रहे थे। सेखों ने हवा में आकर दो सेबर जेट विमानों का सामना किया, इनमें से एक जहाज वही था, जिसने एयर फील्ड पर बम गिराया था।

बम गिरने के बाद एयर फील्ड से कॉम्बैट एयर पेट्रोल का सम्पर्क सेखों तथा घुम्मन से टूट गया था। सारी एयर फील्ड धुएँ और धूल से भर गई थी, जो उस बम विस्फोट का परिणाम थी।

इस सबके कारण दूर तक देख पाना कठिन था। तभी फ्लाइट कमाण्डर स्क्वाड्रन लीडर पठानिया को नजर आया कि कोई दो हवाई जहाज मुठभेड़ की तैयारी में हैं। घुम्मन ने भी इस बात की कोशिश की, कि वह निर्मलजीत सिंह की मदद के लिए वहाँ पहुँच सकें लेकिन यह सम्भव नहीं हो सका।

तभी रेडियो संचार व्यवस्था से निर्मलजीत सिंह की आवाज़ सुनाई पड़ी...

'मैं दो सेबर जेट जहाजों के पीछे हूँ...मैं उन्हें जाने नहीं दूँगा...'

उसके कुछ ही क्षण बाद नेट से आक्रमण की आवाज़ आसमान में गूँजी और एक सेबर जेट आग में जलता हुआ गिरता नजर आया।

तभी निर्मलजीत सिंह सेखों ने अपना सन्देश प्रसारित किया :

'मैं मुकाबले पर हूँ और मुझे मजा आ रहा है। मेरे इर्द-गिर्द दुश्मन के दो सेबर जेट हैं। मैं एक का पीछा कर रहा हूँ, दूसरा मेरे साथ-साथ चल रहा है।'

इस सन्देश के जवाब में स्क्वेड्रन लीडर पठानिया ने निर्मलजीत सिंह को कुछ सुरक्षा सम्बन्धी हिदायत दी, जिसे उन्होंने पहले ही पूरा कर लिया था। इसके बाद नेट से एक और धमाका हुआ जिसके साथ दुश्मन के सेबर जेट के ध्वस्त होने की आवाज़ भी आई। अभी निर्मलजीत सिंह को कुछ और भी करना बाकी था, उनका निशाना फिर लगा और एक बड़े धमाके के साथ दूसरा सेबर जेट भी ढेर हो गया।

कुछ देर की शान्ति के बाद फ्लाइंग ऑफिसर निर्मलजीत सिंह सेखों का सन्देश फिर सुना गया। उन्होंने कहा,

'शायद मेरा नेट भी निशाने पर आ गया है...घुम्मन, अब तुम मोर्चा संभालो।'

यह निर्मलजीत सिंह का अन्तिम सन्देश था। अपना काम पूरा करके वह वीरगति को प्राप्त हो गए।

फ्लाइंग ऑफिसर निर्मलजीत सिंह सेखों का जन्म 17 जुलाई 1947 को रूरका गाँव, लुधियाना, पंजाब में हुआ था। फौज में आने वाले अपने परिवार से वह अकेले नहीं थे बल्कि इस क्रम में वह दूसरे नम्बर पर थे। बस कुछ ही महीने पहले उनका विवाह हुआ था और उसमें भी निर्मलजीत सिंह ने पत्नी मंजीत के साथ बहुत थोड़ा सा समय बिताया था। नए जीवन के कितने ही सपने उनकी आँखों में रहे होंगे, जो देश की माँग के आगे छोटे पड़ गए। उन्हें उस निर्णायक पल में सिर्फ अपना नेट विमान सूझा और दुश्मन के F-86 सेबर जेट, जिन्हें निर्मलजीत सिंह को मार गिराना था।

पाकिस्तान का भारत के साथ यह 1971 में लड़ा गया युद्ध किन्हीं अर्थों में खास कहा जा सकता है। इस युद्ध की शुरुआत दरअसल पाकिस्तान की आन्तरिक समस्या से हुई थी।

पाकिस्तान का एक हिस्सा पूर्वी पाकिस्तान बांग्ला भाषी क्षेत्र था, जो भारत के विभाजन के बाद पूर्वी बंगाल से पूर्वी पाकिस्तान हो गया था। पाकिस्तान की सत्ता का केन्द्र पश्चिम पाकिस्तान था जो एक मुस्लिम बहुल क्षेत्र है। ऐसे में पश्चिमी पाकिस्तान का व्यवहार कभी भी पूर्वी पाक के साथ न्याय पूर्ण नहीं रहा। ऐसे में पूर्वी हिस्से में असन्तोष बढ़ना स्वाभाविक था।

7 दिसम्बर 1970 को पाकिस्तान के चुनावों में पूर्वी पाकिस्तान के आवामी लीग पार्टी के नेता शेख मुजीबुर्रहमान के पक्ष में भारी जनमत गया और सत्ता इसी दल के हाथ आने के परिणाम घोषित हुए। पश्चिमी पाकिस्तान को यह मंजूर नहीं हुआ। तत्कालीन प्रधानमन्त्री भुट्टो और राष्ट्रपति याहया खान ने तय कर लिया कि पूर्वी पाकिस्तान की बांग्ला भाषी सरकार कभी नहीं बनने दी जाएगी। उनकी ओर से संसद का गठन रोक दिया गया। इससे पूर्वी पाकिस्तान में जबरदस्त असन्तोष फैला और जनता सड़क पर आ गई।

एक जन आन्दोलन का रूप सामने आने लगा। इसमें सरकारी तथा गैर सरकारी सबका साथ था, यहाँ तक कि छात्र भी पीछे नहीं रहे। 3 मार्च 1971 को ढाका में कर्फ्यू लगा दिया गया और पश्चिमी पाकिस्तान ने जबरदस्त दमन चक्र चला दिया।

बर्बर फौजी लेफ्टिनेंट टिक्का खान लाए गए, जिन्हें बांग्ला भाषियों का बूचर कहा जाता था, उसने वहाँ पूर्वी पाकिस्तान में इतना कहर मचाया कि लाखों की तादाद में बांग्ला भाषी पूर्वी पाकिस्तान के लोग जान बचाते हुए भारत की ओर भागे।

देखते-देखते पूर्वी पाकिस्तान के लाखों बांग्ला भाषी लोग भारत में भर गए। भारत के सामने समस्या उपस्थित हो गई। पश्चिमी पाकिस्तान की सत्ता ने इसे अपनी समस्या मानने से ही इंकार कर दिया। ऐसे में भारत के लिए यह जरूरी था कि वह सीधे हस्तक्षेप से पूर्वी पाकिस्तान में शान्ति तथा सुरक्षा का वातावरण वहाँ के नागरिकों के लिए बनाए जिससे वहाँ के शरणार्थी भारत की ओर न भागें। पूर्वी पाकिस्तान से लाखों शरणार्थियों का भारत की ओर भागना, भारत के लिए एक बड़ी विपदा जैसा प्रश्न बन गया था।

भारत का यह रुख भी पाकिस्तान को नहीं भाया। भारत, जब अपनी सेना लेकर पूर्वी पाकिस्तान पहुँचा तो पाकिस्तान ने इसे उसकी ओर से आक्रमण करने की एक वजह मान लिया। इस तरह 3 दिसम्बर 1971 को पाकिस्तान ने भारत पर बकायदा सैन्य आक्रमण कर दिया। इसका नुकसान उसे भुगतना पड़ा।

इस युद्ध में भारत सरकार ने फ्लाइंग ऑफिसर निर्मलजीत सिंह सेखों के साथ तीन और पराक्रमी योद्धाओं को परमवीर चक्र प्रदान किया। लेकिन वायु सेना, के किसी भी युद्ध में परमवीर चक्र पाने वाले सेनानियों में, केवल निर्मलजीत सिंह सेखों का नाम लिखा गया।

सेकेन्ड लेफ्टिनेंट अरुण खेत्रपाल

पूना हॉर्स–(नं. I.C. 25067)

प्रशस्ति वाचन

16 दिसम्बर 1971 को, शकरगढ़ सेक्टर के जरपाल से 'बी' स्क्वेड्रन के कमाण्डर ने मदद माँगते हुए सूचना दी कि दुश्मन का सशस्त्र दल, भारी संख्या में भारतीय सेना के हमले के जवाब में धावा बोलने के लिए बढ़ा चला आ रहा है। यह 'बी' स्क्वैड्रन पूना हॉर्स से हुड़ी हुई थी।

जब यह सूचना 'ए' स्क्वैड्रन के सेकेन्ड लेफ्टिनेंट अरुण खेत्रपाल ने सुनी, तो वह तुरन्त स्वेच्छापूर्वक अपनी टुकड़ी के साथ मदद के लिए 'बी' स्कवेड्रन की ओर चल पड़े। रास्ते में बसंतार नदी पार करते समय अरुण खेत्रपाल की टुकड़ी को दुश्मन की जबरदस्त गोलाबारी का सामना करना पड़ा। यह जगह दुश्मन के मजबूत ठिकाने पर थी और जहां दुश्मन की फौज ने आर.सी.एल. गन्स का विकट जाल फैला रखा था। अरुण खेत्रपाल के पास, 'बी' स्क्वेड्रन के संकट को देखते हुए समय बहुत कम था। इसे समझ कर अरुण ने मुस्तैदी से दुश्मन पर बरसते हुए, उनके सुरक्षा व्यूह को तहस-नहस करते हुए तथा उसकी पैदल सेना को अपनी पिस्तौल से मौत के घाट उतारते हुए अपनी गति बनाए रखी और आगे बढ़ते गए। इस मुठभेड़ में उनका एक टैंक कमाण्डर मारा गया। अरुण खेत्रपाल फिर भी थमे नहीं और दुश्मन पर जबरदस्त आक्रमण करते हुए बी स्कवाड्रन की ओर बढ़ते रहे। वह अपने प्रयास से वहाँ ठीक समय पर पहुँच गए और उन्होंने दुश्मन की फौज को पीछे हटने के लिए मजबूर कर दिया। वह इतने जोश में थे कि उन्होंने पीछे हटती दुश्मन की फौज पर भी हमला किया और उनका एक टैंक बर्बाद करने में कामयाब हो गए।

जल्दी ही दुश्मन की फौज भी इस हमले के लिए तैयार हो गई और इस बार उसने उस ठिकाने पर हमला बोलने की तैयारी की, जहाँ सेकेण्ड लेफ्टिनेंट अरुण खेत्रपाल डटे हुए थे, वहाँ उनके दो टैंक भी आक्रमण के लिए तैनात थे।

वहाँ जबरदस्त संग्राम छिड़ गया। दुश्मन के दस टैंक बर्बाद कर दिए गए, जिनमें से चार को तो खुद अरुण खेत्रपाल ने ठिकाने लगाया। जब कि अरुण इस दौरान बुरी तरह घायल भी हो गए थे।

ऐसी दशा में उन्हें सलाह दी गई कि वह अपना टैंक छोड़कर रण से बाहर आ जाएँ, लेकिन उन्हें यह चिन्ता थी कि अगर उन्होंने रण छोड़ दिया, तो दुश्मन की सेना, जो भले ही हार का, मुँह देख रही है, जोश में उठ खड़ी होगी। ऐसे में, बहादुरी की मिसाल कायम करते हुए वह डटे रहे और दुश्मन से जूझते रहे उन्होंने इसी दौर में दुश्मन का एक और टैंक नाकाम कर दिया। तभी उनका टैंक दुबारा दुश्मन का निशाना बना और उस आघात से सेकेण्ड लेफ्टिनेंट वहीं वीरगति को प्राप्त हुए।

भले ही अरुण खेत्रपाल शहीद हो गए, लेकिन उन्होंने अपना लक्ष्य पूरा किया। दुश्मन को पराजय का मुँह देखना पड़ा। दुश्मन का एक भी टैंक आगे तक नहीं जा पाया।

सेकेन्ड लेफ्टिनेंट ने नेतृत्व की श्रेष्ठ मिसाल कायम की। उन्होंने समय की माँग को समझ कर दुश्मन से मुठभेड़ की जबरदस्त इच्छा शक्ति का प्रदर्शन किया। उनका यह हिम्मत भरा आत्म बलिदान केवल फर्ज निभाने की सीमा से कहीं आगे का उदाहरण बना।

गज़ट ऑफ इण्डिया नोटिफिकेशन
नं. 7 प्रेस/72

शौर्य गाथा

पूना हॉर्स के सेकेन्ड लेफ्टिनेंट अरुण खेत्रपाल की शौर्य गाथा सिर्फ एक वीर सैनिक के आत्म बलिदान का प्रसंग नहीं है उससे तो देश का इतिहास भरा पड़ा है। अरुण खेत्रपाल का वृत्तांत वह बताता है, जिसे याद करके शत्रु का मन भी उनके लिए सम्मान से भर जाता है।

1971 में हुआ भारत-पाकिस्तान युद्ध, जिसमें बांग्लादेश पाकिस्तान से छूटकर एक स्वतन्त्र देश की तरह जन्मा, भारत के इतिहास में ही नहीं बल्कि पूरी दुनिया के इतिहास में एक महत्वपूर्ण स्थान रखता है। इस युद्ध के आइने में पाकिस्तान का असली चेहरा देखा जा सकता है।

पाकिस्तान जब से बना, तब से लेकर एक लम्बे समय तक पश्चिमी पाकिस्तान सत्ता का केन्द्र रहा और पूर्वी पाकिस्तान, समूचे देश को समृद्धि देने के बावजूद न केवल अनदेखा किया जाता रहा बल्कि वह सत्ता की ओर से किए जा रहे दमन का भी शिकार रहा। इस असन्तुलन का विस्फोट तो एक-न-एक दिन होना ही था। यहाँ एक बात विशेष रूप से सामने रखी जा सकती है कि पश्चिमी पाकिस्तान मुस्लिम

बहुल क्षेत्र था और पूर्वी पाकिस्तान मूलतः पूर्वी बंगाल था, जिसकी अधिकांश आबादी बांग्ला भाषी थी।

दिसम्बर 1970 में 7 तारीख को चुनाव हुए और अवामी लीग के नेता शेख मुजीबुर्रहमान के नेतृत्व वाली राजनैतिक पार्टी ने भीषण बहुमत से चुनाव जीत लिया। यह बात पाकिस्तान के तत्कालीन प्रधानमन्त्री जुल्फिकार अली भुट्टो तथा राष्ट्रपति याहया खान को बेहद नागवार लगी कि शासन की डोर बांग्ला भाषी क्षेत्र में चली जाए। इस पर तुरत-फुरत अपनी प्रतिक्रिया देते हुए भट्टो और याहया खान ने संसद का सत्र अनिश्चित काल के लिए रोक दिया। इसका स्पष्ट अर्थ यह था कि उनकी ओर से इस चुनाव परिणाम को कोई मान्यता नहीं मिलनी है यानी, उन्हें बांग्ला भाषी सत्ता के प्रतिनिधि स्वीकार नहीं हैं।

भुट्टो और याहया खान के इस निर्णय से पूर्वी पाकिस्तान का क्षेत्र गहरे असन्तोष से भर उठा और व्यापक रूप से इसका विरोध सभी सरकारी, अर्धसरकारी तथा गैरसरकारी व्यवस्था की ओर से किया जाने लगा। इस विरोध ने एक आन्दोलन का रूप ले लिया जिसमें युवा छात्रों समेत सभी लोगों ने भाग लिया और लोग सड़क पर निकल आए।

पश्चिम पाकिस्तान की ओर से दमन चक्र शुरू हुआ। 3 मार्च 1971 को कर्फ्यू लगा दिया गया। पूर्वी पाकिस्तान के तत्कालीन लेफ्टिनेंट गवर्नर और मार्शल लॉ के प्रशासनिक जनरल साहिबजादा याकूब खान को हटाकर लेफ्टिनेंट टिक्का खान को लाया गया जिनके बर्बर दमन चक्र के कारण उन्हें 'बूचर ऑफ बांग्लादेश' नाम दिया गया। उसने 'ऑपरेशन ब्लिट्ज' चलाया और उसमें इतनी भीषण अमानवीयता का व्यवहार किया, जिसकी दूसरी मिसाल नहीं मिलती।

पाकिस्तान की सशस्त्र सेना, टैंक तथा तोपें पूर्वी पाकिस्तान के निहत्थे बांग्ला भाषी नागरिकों पर कहर ढाने लगीं। इस ऑपरेशन ब्लिट्ज के कारण वहाँ से हजारों बांग्ला भाषियों को भाग कर भारत में शरण लेने को मजबूर होना पड़ा। करीब एक करोड़ शरणार्थी इस तरह भारत में आ पहुँचे। भारत के लिए इन्हें संभाल पाना कठिन होने लगा। भारत की ओर से बार-बार किसी नतीजे पर पहुँचने के प्रस्तावों को पाकिस्तान अनदेखा करता रहा।

पाकिस्तान ने इस मामले में दोहरी नीति दिखाई। उसकी ओर से पूर्वी पाकिस्तान के निर्दोष निहत्थे नागरिकों पर जो जुल्म ढाए जा रहे थे उसे उसने पाकिस्तान का अंदरूनी मामला बताया, लेकिन पूर्वी पाकिस्तान के शरणार्थियों का भारत की ओर भागने को उसने भारत की समस्या कहा। इन दोनों बातों में आपस में कोई तालमेल नहीं था।

ऐसे में भारत मजबूर हो गया कि वह अपने देश की आर्थिक, सामाजिक तथा राजनैतिक स्थिति के पक्ष में पाकिस्तान पर दबाव डाले। इसी तरह मानवीय दृष्टि

से भी उसे पूर्वी पाकिस्तान के प्रताड़ित जन समुदाय के पक्ष में खड़े होने का औचित्य समझ में आया और भारत ने अन्ततः पाकिस्तान में अपनी सशस्त्र सेनाएँ पूर्वी पाकिस्तान के पक्ष में ला खड़ी कीं। इस स्थिति ने भारत और पाकिस्तान के बीच युद्ध का रूप ले लिया और 3 दिसम्बर 1971 को बाकायदा भारत और पाकिस्तान एक-दूसरे के आमने-सामने अपनी सेनाओं के साथ डट गए।

यह युद्ध 17 दिसम्बर 1971 तक चला। इसमें पाकिस्तान ने मुँह की खाई। वह न केवल हार गया, बल्कि उससे टूट कर उसका राज्य पूर्वी पाकिस्तान एक स्वतन्त्र राष्ट्र के रूप में जन्मा, जो बांग्लादेश कहलाया।

17 दिसम्बर 1971 को देश ने न केवल शत्रु पर विजय पाई, बल्कि एक निर्दोष निहत्थे जन समुदाय को भी उसकी त्रासदी से छुटकारा दिला कर एक स्वतन्त्र सत्ता दी। लेकिन भारत देश को इसकी कीमत भी चुकानी पड़ी। इस युद्ध में अनेक वीरों ने अपने प्राणों की कुर्बानी दी। सेकेन्ड लेफ्टिनेंट अरुण खेत्रपाल उन्हीं में से एक हैं।

अरुण खेत्रपाल जिस परिवार में जन्मे उसमें फौजी जीवन के संस्कार कई पीढ़ियों से चले आ रहे थे। अरुण के परदादा सिख सेना में कार्यरत थे और 1848 में उन्होंने ब्रिटिश सेना के खिलाफ लड़ाई लड़ी थी। उनका मोर्चा चिलियाँवाला में हुआ था। अरुण के दादा जी पहले विश्व युद्ध के सैनिक थे तथा 1917 से 1919 तक उन्होंने इसमें हिस्सा लिया था। अरुण खेत्रपाल के पिता श्री मदन लाल खेत्रपाल ब्रिगेडियर तो हुए ही उन्होंने अतिविशिष्ट सेवा मेडल (AVSM) भी प्राप्त किया। जाहिर है इस परम्परा को आगे बढ़ाने वाले सेकेन्ड लेफ्टिनेंट अरुण खेत्रपाल इस दिशा में अपना कद अपने पूर्वजों से बड़ा ही स्थापित करते।

अरुण खेत्रपाल का जन्म 1950 में पूना में हुआ। उनकी प्रारंभिक स्कूली शिक्षा उन अलग-अलग जगहों के स्कूलों में हुई, जहाँ उनके पिता भेजे गए, लेकिन स्कूली शिक्षा के आखिरी पाँच महत्त्वपूर्ण वर्ष अरुण ने लारेंस स्कूल सनावर में गुजारे। वह जितना पढ़ाई-लिखाई में निपुण थे उतना ही उनका रंग खेल के मैदान में भी जमता था। वह स्कूल के एक बेहतर क्रिकेट खिलाड़ी थे।

एन.डी.ए. (NDA) के दौरान वह 'स्क्वेड्रन कैडेट' के रूप में चुने गए। इण्डियन मिलिट्री अकेडमी देहरादून में वह सीनियर अण्डर ऑफिसर बनाए गए। 13 जून 1971 को वह बाकायदा पूना हॉर्स में बतौर सेकेन्ड लेफ्टिनेंट शामिल हुए। उन्होंने कभी किसी भी काम को बेमन से नहीं किया। मना तो किसी काम को कभी किया ही नहीं। यह उनकी तारीफ मानी जाती थी कि वह हर काम करने को खुशी-खुशी तैयार रहते थे और अपने काम के माहौल को खुशनुमा भी बनाए रखते थे।

अरुण खेत्रपाल के लिए बहादुरी और अनुशासन दोनों एक ही शब्द के पर्यायवाची जैसे रहे। जब वह इण्डियन मिलिट्री अकादमी में सीनियर अण्डर ऑफिसर

थे, तब एक बहुत खास मौका ऐसा आया, जहाँ इनका यह गुण स्पष्ट रूप से मुखर हुआ।

उन्हें दो आदेश एक साथ मिले। एक आदेश ने उन्हें 11 बजे दिन में लाइब्रेरी की एक मीटिंग में भाग लेने को कहा। उसी दिन दूसरा आदेश उन्हें ठीक उसी समय, यानी ग्यारह बजे फायरिंग रेंज में भेज रहा था। जाहिर है कि वह एक साथ एक ही समय दो स्थानों पर नहीं रह सकते। लेकिन इस विरोधाभासी आदेशों पर सवाल उठाना उनकी प्रकृति में नहीं था। उन्होंने फायरिंग रेंज में जाना स्वीकार किया और वहाँ ठीक समय पर पहुंचकर अपना फर्ज पूरा किया। लाइब्रेरी की मीटिंग में न पहुँचने के कारण दण्ड स्वरूप उन्हें सीनियर अण्डर ऑफिसर से एक पद नीचे उतार दिया गया। उन्होंने यह दण्ड बिना बहस स्वीकार कर लिया। इस पर कोई शोर नहीं मचाया। उन्हें बाद में फिर सीनियर अण्डर ऑफिसर बनाया गया, लेकिन दण्ड भुगतने पर उन्होंने चूँ तक नहीं की, शिकायत तो दूर की बात है।

अरुण खेत्रपाल जब फौज में नियुक्त हुए उसके बाद भारत पाकिस्तान के बीच युद्ध की भूमिका बन रही थी। पूर्वी पाकिस्तान पश्चिमी पाकिस्तान की बर्बरता का निरीह शिकार हो रहा था और भारत की सीमा में त्राहि त्राहि करते बांग्ला भाषी शरणार्थी बढ़ते जा रहे थे। अन्ततः 3 दिसम्बर 1971 को यह नौबत आ ही गई थी कि युद्ध टाला न जा सके।

16 दिसम्बर 1971 अरुण खेत्रपाल एक स्क्वेड्रन की कमान संभालते हुए ड्यूटी पर तैनात थे तभी एक-दूसरे स्क्वेड्रन को दुश्मन की सशक्त सेना का सामना कर पाने के लिए मदद की जरूरत पड़ी और उसने सन्देश भेजा। इस सन्देश के सम्मान में अरुण खेगपाल स्वेच्छापूर्वक अपनी टुकड़ी लेकर शकरगढ़ सेक्टर के जरपाल पर तैनात उस स्क्वाड्रन की मदद के लिए चल पड़े, जिसने सन्देश भेजा था।

अरुण खेत्रपाल के इस कूच में उनके टैंक थे और एक टैंक पर खुद अरुण थे, जो दुश्मन की गोलाबारी से बेपरवाह उनके टैंकों को बर्बाद करते जा रहे थे। जब इसी दौर में उनका टैंक निशाने पर आ गया और उसमें आग लग गई, तब उनके कमाण्डर ने उन्हें टैंक छोड़कर अलग हो जाने का आदेश दिया। लेकिन अरुण को इस बात का एहसास था कि उनका डटे रहना दुश्मन को रोके रखने के लिए कितना जरूरी है। इस नाते उन्होंने अपनी जान बचाने के लिए हट जाना मंजूर नहीं किया और उन्होंने खुद से सौ मीटर दूर दुश्मन का एक और टैंक बर्बाद कर दिया। तभी उनके टैंक को भी एक और आघात लगा और वह बेकार हो गया। इसका, परिणाम तो अरुण की शहादत के रूप में सामने आया, लेकिन वह उनकी टुकड़ी को इतने जोश से भर गया कि वह और भी बहादुरी से दुश्मन पर टूट पड़े। 10 दिसम्बर 1971 को अरुण के पिता को अरुण का एक पत्र मिला था, जो उन्होंने

पाकिस्तान की सीमा के दस मील भीतर से लिखा था। वह पत्र भी अपनी एक कहानी कहता है–

'डियर डैडी, हमें बहुत आनन्द आ रहा है। हमारी रेजिमेंट की बहादुरी का सिक्का दुनिया भर से ऊपर है। हम जल्दी ही यह लड़ाई खत्म कर देंगे।'

सचमुच, यह युद्ध जो 17 दिसम्बर 1971 को खत्म हुआ, उसे तो अरुण खेत्रपाल पहले ही, यानी 16 दिसम्बर 1971 को जीतकर हँसी-हँसी महायात्रा पर निकल चुके थे।

अरुण खेत्रपाल की बहादुरी और जोश के चर्चे तो देश भर में कहे गए और आज भी कहे जाते हैं, लेकिन उनकी असली बहादुरी तो दुश्मन द्वारा उनकी चर्चा में सामने आती है।

बेटे की शहादत के कुछ समय बाद ही अरुण के पिता ब्रिगेडियर मदन लाल खेत्रपाल को पाकिस्तान से सन्देश मिला कि कोई उनसे मिलना चाहता है। ऐसे सन्देश का आना भारत और पाकिस्तान के बीच शान्ति प्रक्रिया स्थापित करने वाली 'ट्विन ट्रैक डिप्लोमेटिक एफर्ट' इकाई द्वारा सम्भव हुआ था। चूँकि उसमें न तो सन्देश भेजने वाले की पहचान सामने आती थी, न ही मिलने की इच्छा का कारण स्पष्ट था, तो खेत्रपाल ने इस पर कभी ध्यान नहीं दिया। बात आई गई हो गई।

अरुण खेत्रपाल का पैतृक परिवार सरगोधा से जुड़ा हुआ था, जो विभाजन के बाद पाकिस्तान में चला गया। पद मुक्त हो जाने के बाद करीब अस्सी वर्ष की आयु में अरुण के पिता ने यह इच्छा जाहिर की कि वह अपनी पैतृक भूमि सरगोधा जाकर कुछ समय बिताएँ। उनकी इच्छा का सम्मान करते हुए इसकी व्यवस्था हुई और उनका वीसा आदि जारी किया गया।

पाकिस्तान में उनकी सरगोधा में रहने की व्यवस्था देखने के लिए एक जिम्मेदार फौजी अधिकारी तैनात किया गया। उस अधिकारी ने इन्हें जितना भाव भीना सत्कार तथा गहरी आत्मीयता दी वह उनको गहरे तक प्रभावित कर गई। उन्हें उस व्यक्ति ने अपने परिवार में अन्तरंगता पूर्वक स्थान दिया। यह वर्ष 2001 की बात है, जब अरुण की वीरगति को तीस वर्ष बीत चुके थे और वह परमवीर चक्र से सम्मानित किए जा चुके थे। वह परमवीर चक्र पाने वाले सबसे कम उम्र के जवान थे और उन्हें यह सम्मान केवल छह महीने के कार्यकाल में ही मिल गया था।

पाकिस्तान में जिस अधिकारी को ब्रिगेडियर मदनलाल खेत्रपाल का आतिथ्य कार्य सौंपा गया था, वह पाक सेना की 13 लैंसर्स के ब्रिगेडियर के.एम. नासर थे। इनके अन्तरंग आतिथ्य ने खेत्रपाल को काफी हद तक विस्मित भी कर दिया था। जब खेत्रपाल की वापसी का दिन आया तो नासर परिवार के लोगों ने खेत्रपाल के परिवार वालों के लिए उपहार भी दिए और ठीक उसी रात ब्रिगेडियर नासर ने ब्रिगेडियर

खेत्रपाल से कहा कि वह उनसे कुछ अन्तरंग बात करना चाहते हैं...फिर जो बात उन्होंने खेत्रपाल से की, वह लगभग हिला देने वाली थी।

ब्रिगेडियर नासर ने खेत्रपाल को बताया कि 16 दिसम्बर 1971 को शकरगढ़ सेक्टर के जारपाल के रण में वह ही अरुण खेत्रपाल के साथ युद्ध करते हुए आमने-सामने थे और उन्हीं का वार उनके बेटे के लिए प्राण घातक बना था... खेत्रपाल स्तब्ध रह गए थे...नासर का कहना जारी रहा था...नासर के शब्दों में एक साथ कई तरह की भावनाएँ थी...वह उस समय युद्ध भूमि में पाकिस्तान के सेनानी थे इस नाते अरुण उनकी शत्रु सेना का जवान था, और उसे मार देना उनके लिए गौरव की बात थी, लेकिन उन्हें इस बात का रंज भी था कि इतना वीर, इतना साहसी, इतना प्रतिबद्ध युवा सेनानी उनके हाथों मारा गया। वह इस बात को भूल नहीं पा रहे थे।

ब्रिगेडियर नासर ने कहा कि 'बड़े पिण्ड' की लड़ाई के बाद ही लगातार अरुण के पिता से सम्पर्क करना चाह रहे थे। बड़े पिण्ड से उनका संकेत उसी रण से था, जिसमें अरुण मारा गया था। नासर को इस बात का दुख था कि वह ऐसा नहीं कर पाए, लेकिन यह उनकी इच्छा शक्ति का परिणाम था, जो उनकी इस बहाने ब्रिगेडियर खेत्रपाल से भेंट हो ही गई।

नासर और खेत्रपाल की इस बातचीत के बाद, दोनों के बीच सिर्फ सन्नाटा रह गया था। लेकिन खेत्रपाल के मन में इस बात का सन्तोष और गौरव जरूर था कि उनका बेटा इतनी बहादुरी से लड़ता हुआ शहीद हुआ कि शत्रु पक्ष भी उसे भूल नहीं पाया और शत्रु के मन में भी उनके बेटे को मारने का दुख बना रहा, भले ही यही उसका कर्तव्य था।

वीरता के उत्कर्ष का भला इससे बड़ा और कौन सा मापदण्ड हो सकता है?

मेजर होशियार सिंह

3 ग्रेनेडियर्स (नं. I.C. 14608)

प्रशस्ति वाचन

15 दिसम्बर 1971 ग्रेनेडियर्स की बटालियन को यह जिम्मा सौंपा गया था कि वह बसंतार नदी के उस पार शकरगढ़ सेक्टर में एक ब्रिगेड का ठिकाना बनाए। मेजर होशियार सिंह उस बटालियन की लेफ्ट फारवर्ड कम्पनी की कमान संभाल रहे थे। उन्हें हुकुम मिला था कि वह दुश्मन के जरवाल ठिकाने पर कब्जा जमाएँ। जरवाल दुश्मन का एक मजबूत गढ़ था। इस आक्रमण के दौरान मेजर होशियार सिंह की कम्पनी को दुश्मन की भीषण गोलाबारी का सामना करना पड़ा, साथ ही वहाँ आमने-सामने की गोलाबारी भी चल रही थी। दुश्मन मीडियम मशीनगन से लैस था।

इस स्थिति में भी मेजर होशियार सिंह ने आक्रमण की अगुवाई जारी रखी और आमने-सामने की गम्भीर मुठभेड़ के बाद लक्ष्य पर कब्जा कर लिया। इस स्थिति से दुश्मन बौखला गया और अगले ही दिन 16 दिसम्बर 1971 को दुश्मन ने एक के बाद एक तीन लगातार हमले किए। इनमें से दो हमलों में बमबारी पर जबरदस्त जोर रहा।

मेजर होशियार सिंह इस खतरे के बावजूद एक खाई से दूसरी खाई में जाकर अपने सैनिकों का हौसला बढ़ा रहे थे। उनके इस प्रेरणादायक नेतृत्व से उत्साहित होकर उनकी टुकड़ी के जवानों ने बहादुरी से जूझते हुए दुश्मन को भारी नुकसान पहुँचाया।

17 दिसम्बर 1971 को दुश्मन ने अपनी बटालियन तथा बमबारी का सहारा लेकर फिर हमला किया। उस समय हालाँकि मेजर होशियार सिंह बुरी तरह घायल थे, वह खुले में निकल कर खाइयों में तैनात अपने सैनिकों के पास जाकर उन्हें उत्साहित करने से नहीं चूके। उन्होंने उस समय भी अपनी जान की परवाह नहीं की, जब दुश्मन का एक गोला, ठीक उनके पास एक मशीनगन के ठिकाने पर फटा, जिसने उस ठिकाने को बर्बाद कर दिया।

बेहद घायल मेजर होशियार सिंह को तुरन्त इस बात का एहसास हुआ कि मशीनगन का हमला उनकी तरफ से रुकना नहीं चाहिए। वह भाग कर मशीनगन का ठिकाना बनाकर मशीनगन से गोलियों की बौछार

बनाए रहे। उनका यह जवाबी हमला बहुत कामयाब रहा। दुश्मन के पच्चीस जवान तथा उनका कमाण्डर मारा गया। खुद भयंकर रूप से जख्मी होने के बाजवदू मेजर होशियार सिंह ने तब तक रण से हटना मंजूर नहीं किया, जब तक युद्ध विराम की घोषणा नहीं हो गई।

इस पूरे युद्धकाल में मेजर होशियार सिंह ने बेमिसाल बहादुरी तथा अदम्य पराक्रम का प्रदर्शन किया, तथा आदर्श नेतृत्व का उदाहरण पेश किया। इस तरह से सेना की परम्परा का निर्वाह किया।

गज़ट ऑफ इण्डिया नोटिफिकेशन
नं. 7 प्रेस/172

शौर्य गाथा

स्वतन्त्र भारत ने अब तक पाँच युद्ध लड़े जिनमें से चार में उसका सामना पाकिस्तान से हुआ। यह युद्ध शुरू भले ही पाकिस्तान ने किए हों, उनका समापन भारत ने किया और विजय का सेहरा उसी के सिर बँधा।

इन चार युद्धों में एक युद्ध जो 1971 में लड़ा गया वह महत्त्वपूर्ण कहा जा सकता है क्योंकि इस लड़ाई ने पाकिस्तान को पराजित करके एक ऐसे नए राष्ट्र का उदय किया, जो पाकिस्तान का हिस्सा था और वर्षों से पश्चिम पाकिस्तान की फौजी सत्ता का अन्याय सह रहा था। वही हिस्सा, पूर्वी पाकिस्तान, 1971 के युद्ध के बाद बांग्लादेश बना।

1971 की इस लड़ाई ने भारत के दो बहादुर सिपाहियों को परमवीर चक्र का हकदार बनाया। एक तो पूना हॉर्स के सेकेण्ड लेफ्टिनेंट अरुण खेत्रपाल जिन्होंने अपने प्राण गँवा कर सबसे कम उम्र के परमवीर चक्र विजेता का सम्मान प्राप्त किया, दूसरे मेजर होशियार सिंह जिन्होंने 3 ग्रेनेडियर्स की अगुवाई करते हुए अपना अद्भुत पराक्रम दिखाया और दुश्मन को पराजय का मुँह देखना पड़ा। उन्होंने जम्मू कश्मीर की दूसरी ओर, शकरगढ़ के पसारी क्षेत्र में जरवाल का मोर्चा फतह किया था।

होशियार सिंह का जन्म 5 मई 1936 को सोनीपत हरियाणा के एक गाँव सिसाना में हुआ था। उनकी प्रारंभिक स्कूली शिक्षा स्थानीय हाई स्कूल में तथा उसके बाद जाट सीनियर सेकेण्डरी स्कूल में हुई। वह एक मेधावी छात्र थे। उन्होंने मेट्रिकुलेशन की परीक्षा प्रथम श्रेणी में पास की थी। पढ़ाई के साथ-साथ वह खेल कूद में भी आगे रहते थे।

होशियार सिंह पहले राष्ट्रीय चैम्पियनशिप के लिए बॉलीबाल की पंजाब कंबाइन्ड टीम के लिए चुने गए और वह टीम फिर राष्ट्रीय टीम चुन ली गई जिसके कैप्टन

होशियार सिंह थे। इस टीम का एक मैच जाट रेजिमैंटल सेंटर के एक उच्च अधिकारी ने देखा और होशियार सिंह उनकी नजरों में आ गए। इस तरह होशियार सिंह के फौज में आने की भूमिका बनी। 1957 में उन्होंने 2 जाट रेजिमेंट में प्रवेश लिया, बाद में वह 3 ग्रेनेडियर्स में कमीशन लेकर अफसर बन गए।

1971 के युद्ध के पहले, होशियार सिंह ने 1965 में भी पाकिस्तान के खिलाफ लड़ते हुए अपना करिश्मा दिखाया था। बीकानेर सेक्टर में अपने क्षेत्र में आक्रामक पेट्रोलिंग करते हुए उन्होंने ऐसी महत्वपूर्ण सूचना लाकर सौंपी थी, जिसके कारण बटालियन की फतह आसानी से हो गई थी और इसके लिए उनका उल्लेख 'मैन्शन्ड इस डिस्पैचेज़' में हुआ था। फिर, 1971 का युद्ध तो उनके लिए निर्णायक युद्ध था जिसमें उन्हें देश का सबसे बड़ा सम्मान प्राप्त हुआ।

इस सन्दर्भ में 1971 की लड़ाई की भूमिका भी कम दिलचस्प नहीं है। इस लड़ाई को पाकिस्तान की मनोवृत्ति का आइना माना जा सकता है। इसलिए कुछ चर्चा उसी पर हो जाए।

जब से पाकिस्तान बना, तब से पश्चिम पाकिस्तान सत्ता का केन्द्र बना रहा। वह मुस्लिम बहुत इलाका था। दूसरी ओर पूर्वी पाकिस्तान, पूर्वी बंगाल था जो विभाजन के बाद पाकिस्तान में आ गया था। यह हिस्सा बांग्ला भाषियों से भरा था। इस तरह पूर्वी और पश्चिमी पाकिस्तान दो अलग-अलग भाषायों और संस्कृतियों का प्रतिनिधित्व करते थे। इसका नतीजा यह था कि पश्चिम पाकिस्तान की मुस्लिम बहुल सत्ता का व्यवहार, अपने ही देश के एक हिस्से से बेहद अन्यायपूर्वक तथा सौतेला होता था, भले ही देश का हिस्सा खासा वैभव और सम्पदा सरकार को देता था।

7 अगस्त 1970 को हुए पाकिस्तान के चुनाव में जनमत का एक नया चेहरा सामने आया, जिसमें शेख मुजीबुर्रहमान की पार्टी अवामी लीग ने बेहद भारी बहुमत से जीत हासिल की। स्थिति यह बनी कि आवामी लीग की सरकार सत्ता में आ जाए। इस बात के लिए पश्चिम पाकिस्तान का शासन कतई तैयार नहीं था। उस समय जुल्फिकार अली भुट्टो प्रधानमन्त्री थे, तथा याहया खान राष्ट्रपति पद पर बैठे थे। बांग्ला बहुल अवामी लीग की सरकार बनने से रोकने के लिए इन दोनों ने नई विजेता असेंबली के गठन पर बन्दिश लगा कर रोक दिया। उनके इस निर्णय से बांग्ला समुदाय में इतना असन्तोष फैला कि उसने एक आन्दोलन का रूप ले लिया।

सारे सरकारी, अर्धसरकारी, केन्द्रीय तथा प्रान्तीय दफ्तर बन्द हो गए, छात्रों समेत लोग सड़कों पर उतर आए और असन्तोष की लहर ने पूरा जोर पकड़ लिया। 3 मार्च 1971 को ढाका में, जो कि पूर्वी पाकिस्तान का गढ़ था, वहाँ कर्फ्यू लगाया गया लेकिन उससे आन्दोलन पर कोई फर्क नहीं पड़ा। उस समय साहिबजादा खान लेफ्टिनेंट गर्वनर तथा मार्शल लॉ के प्रशासक थे, उन्हें हटाकर लेफ्टिनेंट जनरल टिक्का खाँ को लाया गया। टिक्का खाँ उस दौर में बर्बरता की हद कायम हुई और उन्हें

'बांग्ला देश का बूचर' करार दिया गया। टिक्का खान ने ऑपरेशन ब्लिट्ज के नाम पर पूर्वी पाकिस्तान की बांग्ला भाषी जनता पर इतने जुर्म ढाए, जिसकी मिसाल मिलनी मुश्किल है।

पाकिस्तानी फौजें पूर्वी पाकिस्तान को गोलियों से भूनने लगीं। बमबारी से निहत्थे नागरिकों को तथा बांग्ला भाषी अर्ध सैनिक बलों को कुचला जाने लगा और हालत यह हो गई कि वहाँ से बांग्ला भाषी लोग भाग कर भारत में शरण पाने लगे। देखते-देखते लाखों शरणार्थी भारत की सीमा में घुस आए। उनके भोजन और आवास की जिम्मेदारी भारत पर आ गई। भारत ने जब पाकिस्तान से इस बारे में बात की, तो उसने इसे अपना अंदरूनी मामला बताते हुए भारत को इससे अलग रहने को कहा, साथ ही शरणार्थियों की समस्या के बारे में पाकिस्तान ने हाथ झाड़ लिए। ऐसे में भारत के पास सिर्फ एक चारा था कि वह अपने सैन्य बल का प्रयोग करे जिससे पूर्वी पाकिस्तानी नागरिकों का वहाँ से भारत की ओर पलायन रुके। इस मजबूरी में भारत को उस सैनिक कार्यवाही में उतरना पड़ा जो अन्ततः भारत-पाक युद्ध में बदल गई।

इस युद्ध को भारत ने कई मोर्चों पर लड़ा जिसमें एक मोर्चे पर मेजर होशियार सिंह ने भी कमान संभाली। भारत की सैन्य दक्षता तथा शौर्य के आगे पाकिस्तान को घुटने टेकने पड़े और अन्ततः पूर्वी पाकिस्तान का हिस्सा समूचे पाकिस्तान से अलग होकर एक स्वतन्त्र देश बन गया, जो बांग्लादेश कहलाया।

इस युद्ध में भारत ने न केवल विजय हासिल की वरन् पूर्वी पाकिस्तान के निरीह, निहत्थे नागरिकों को बर्बरता का शिकार होने से भी बचाया।

अब इसी युद्ध के मोर्चे की बात करें। शकरगढ़ पठार भारत और पाकिस्तान दोनों के लिए एक महत्वपूर्ण ठिकाना था। भारत अगर इस पर कब्जा जमा लेता है, तो वह एक ओर जम्मू कश्मीर तथा उत्तरी पंजाब को सुरक्षित रख सकता है, दूसरी ओर पाकिस्तान के ठीक मर्मस्थल पर प्रहार कर सकता है। इसी तरह अगर पाकिस्तान इस पर कब्जा रखे तो वह भारत के भीतर घुसता आ सकता है। जाहिर है कि यह बेहद मौके का ठिकाना था जिस पर दोनों ओर के सैनिकों की नजर थी।

शकरगढ़ पठार का नौ सौ किलोमीटर का वह संवदेनशील क्षेत्र पूरी तरह से प्राकृतिक बाधाओं से भरा हुआ था जिस पर दुश्मन ने टैंक भेदी बहुत सी बारूदी सुरंगें बिछाई हुई थीं।

14 दिसम्बर 1971 को 3 ग्रेनेडियर्स के कमांडिंग ऑफिसर को सुपवाल खाई पर ब्रिगेड का हमला करने के आदेश दिए गए। इस 3 ग्रेनेडियर्स को जरवाल तथा लोहाल गाँवों पर कब्जा करना था।

15 दिसम्बर 1971 को दो कम्पनियाँ, जिनमें से एक का नेतृत्व मेजर होशियार सिंह संभाल रहे थे, हमले का पहला दौर लेकर आगे बढ़ीं। दोनों कम्पनियों ने अपनी

फतह दुश्मन की भारी गोलाबारी, बमबारी तथा मशीनगन की बौछार के बावजूद हासिल कर ली। इन कम्पनियों ने दुश्मन के बीस जवानों को युद्ध बंदी बनाया और भारी मात्रा में हथियार और गोलाबारूद अपने कब्जे में ले लिया। उन हथियारों में उन्हें मीडियम मशीनगन तथा रॉकेट लांचर्स मिले।

अगले दिन, यानी 16 दिसम्बर 1971 को 3 ग्रेनेडियर्स को घमासान युद्ध का सामना करना पड़ा। पाकिस्तान जवाबी हमला करके अपना गँवाया हुआ क्षेत्र वापस पाने के लिए जूझ रहा था। उसके इस हमले में उसकी ओर से गोलीबारी तथा बमबारी में कोई कमी नहीं छूट रही थी। 3 ग्रेनेडियर्स का भी मनोबल ऊँचा था। वह पाकिस्तान द्वारा किए जा रहे जवाबी हमलों को नाकाम किए जा रहे थे।

17 दिसम्बर 1971 को सूरज की पहली किरण के पहले ही दुश्मन की एक बटालियन ने बम और गोलीबारी से मेजर होशियार सिंह की कम्पनी पर फिर हमला किया। मेजर होशियार सिंह ने इस हमले का जवाब एकदम निडर होकर दिया और वह अपने जवानों को पूरे जोश से जूझने के लिए उकसाते रहे, उनका हौसला बढ़ाते रहे। हालाँकि वह घायल हो गए थे, फिर भी वह एक खाई से दूसरी खाई तक जाते और अपने जवानों का हौसला बढ़ाते रहे। उन्होंने खुद भी एक मीडियम मशीनगन उस समय थाम ली, जब उनका गनर मारा गया। इससे उनकी कम्पनी का जोश दुगना हुआ और वह ज्यादा तेजी से दुश्मन पर टूट पड़े। उस दिन दुश्मन के 89 जवान मारे गए, जिनमें उनका कमांडिंग ऑफिसर लेफ्टिनेंट कर्नल मोहम्मद अकरम राजा भी शमिल था। 35 फ्रंटियर फोर्स राइफल्स का यह ऑफिसर अपने तीन और अधिकारियों के साथ उसी मैदान में मारा गया था।

सारा दिन दुश्मन की बटालियन की फौज के बचे-खुचे सैनिक मेजर होशियार सिंह की फौज से जूझते रहे। शाम छह बजे आदेश मिले कि दो घण्टे बाद युद्ध विराम हो जाएगा। दोनों बटालियन इन दो घण्टों में ज्यादा-से-ज्यादा वार करके दुश्मन को परे कर देना चाहते थे। जब युद्ध विराम का समय आया उस समय तक मेजर होशियार सिंह की 3 ग्रेनेडियर्स का एक अधिकारी तथा 32 फौजी मारे जा चुके थे। इसके अलावा 3 अधिकारी 4 जूनियर कमीशंड अधिकारी तथा 86 जवान घायल थे। तभी मेजर होशियार सिंह की बटालियन को युद्ध विराम के बाद जीत का सेहरा पहनाया गया।

17 दिसम्बर 1971 के युद्ध विराम के बाद बांग्लादेश के उदय की वार्ता शुरू हुई। मेजर होशियार सिंह को परमवीर चक्र प्रदान किया गया और देश अरुण खेत्रपाल की स्मृति में मौन भी हुआ, जो बस एक दिन पहले वीरगति को प्राप्त हो गए थे।

संयुक्त राष्ट्र संघ शान्ति–सेना
श्रीलंका एवं सियाचिन युद्ध
1987

परमवीर चक्र विजेता

- नायब सूबेदार बाना सिंह
- मेजर रामास्वामी परमेस्वरन

नायब सूबेदार बाना सिंह

8 जम्मू एण्ड कश्मीर लाइट इन्फेन्टरी (नं. K.C. 155825)

प्रशस्ति वाचन

जून 1987 में इक्कीस हज़ार फीट की ऊँचाई पर स्थित सियाचिन ग्लेशियर क्षेत्र में दुश्मन के घुसपैठिये होने का संकेत मिला और इससे निपटने के लिए एक 'टास्कफोर्स' का गठन किया गया। तब नायब सूबेदार बाना सिंह ने स्वेच्छापूर्वक यह प्रस्ताव रखा कि वह इस टास्कफोर्स में शामिल होना चाहता है।

वह ठिकाना एक तरह से बर्फ का एक अभेद्य दुर्ग था। उसके दोनों तरफ 1500 फीट ऊँची बर्फीली दीवारें थीं। नायब सूबेदार बाना सिंह ने अपने दल को इस बेहद मुश्किल और खतरनाक रास्ते पर चलने में अगुवाई प्रदान की। उन्होंने अपनी अदम्य हिम्मत तथा नेतृत्व से अपने दल का हौसला बढ़ाया।

नायब सूबेदार बाना सिंह और उनके दल के सदस्य रेंग-रेंग कर दुश्मन के ठिकाने तक पहुँचे। उन्होंने एक-एक खाई में बैठे दुश्मन को हथगोलों से मारा तथा बैनेट से वार करते हुए उस चौकी को सभी घुसपैठियों से मुक्त करा लिया।

इस काम में नायब सूबेदार बाना सिंह ने बेहद वीरता तथा नेतृत्व क्षमता का प्रदर्शन किया जबकि उनकी परिस्थितियाँ गम्भीर रूप से उनके विपरीत थीं।

गज़ट ऑफ इण्डिया नोटिफिकेशन
नं. 9 प्रेस/88

शौर्य गाथा

पाकिस्तान के साथ भारत की चार मुलाकातें युद्धभूमि में तो हुई हीं, कुछ और भी मोर्चे हैं, जहाँ हिन्दुस्तान के बहादुरों ने पाकिस्तान के मंसूबों पर पानी फेर कर रख दिया। सियाचिन का मोर्चा भी इसी तरह का एक मोर्चा है, जिसने 8 जम्मू एण्ड कश्मीर लाइट इन्फेन्टरी के नायब सूबेदार बाना सिंह को उसकी चतुराई, पराक्रम और साहस के लिए परमवीर चक्र दिलवाया।

सियाचिन के बारे में दूर बैठकर केवल कल्पना ही की जा सकती है, वह भी शायद बहुत सही ढंग से नहीं। समुद्र तट से 21 हजार एक सौ तिरपन फीट की ऊँचाई पर स्थित पर्वत श्रेणी, जहाँ 40 से 60 किलोमीटर प्रति घण्टे की रफ्तार से बर्फानी हवाएँ चलती ही रहती हैं और जहाँ का अधिकतम तापमान–35° सेल्सियस होता है वहाँ की स्थितियों के बारे में क्या अंदाज लगाया जा सकता है। लेकिन यह सच है और यह भी कि यह भारत के लिए एक महत्त्वपूर्ण जगह है।

दरअसल, 1949 में कराची समझौते के बाद, जब युद्ध विराम रेखा खींची गई थी, तब उसका विस्तार, जम्मू-कश्मीर क्षेत्र में उत्तर की तरफ खोर से लेकर दक्षिण की ओर मनावर तक था। इस तरह यह रेखा उत्तर की तरफ NJ 9842 के हिमशैलों (ग्लेशियर्स) की तरफ जाती है। इस क्षेत्र में घास का एक तिनका तक नहीं उगता है, साँस लेना तक सर्द मौसम के कारण बेहद कठिन है। लेकिन कुछ भी हो, यह ठिकाना ऐसा है जहाँ भारत, पाकिस्तान और चीन की सीमाएँ मिलती हैं, इसलिए सुरक्षा की दृष्टि से इसका विशेष महत्त्व है।

हमेशा की तरह अतिक्रमण और उकसाने वाली कार्यवाही पाकिस्तान द्वारा ही यहाँ भी की गई। पहले तो उसने सीमा तय होते समय 5180 वर्ग किलोमीटर क्षेत्र जो भारत का होता उसे चीन की सीमा में खिसका दिया। इसके अलावा वह उस क्षेत्र में विदेशी पर्वतारोहियों को और वैज्ञानिक परीक्षणों के लिए बाहर के लोगों को भी बुलवाता रहता है, जब कि वह उसका क्षेत्र नहीं है। इसके अतिरिक्त भी उसकी ओर से अनेक ऐसी योजनाओं की खबर आती रहती है जो अतिक्रमण तथा आपत्तिजनक कही जा सकती है।

यहाँ हम जिस प्रसंग का जिक्र विशेष रूप से करना चाह रहे हैं, वह वर्ष 1987 का है। इसमें पाकिस्तान ने सियाचिन ग्लेशियर पर, भारतीय सीमा के अन्दर अपनी एक चौकी बनाने का आदेश अपनी सेनाओं को दे दिया। वह जगह मौसम को देखते हुए, भारत की ओर से भी आरक्षित थी। वहाँ पर पाकिस्तानी सैनिकों ने अपनी चौकी खड़ी की और उसे 'कायद चौकी' का नाम दिया। यह नाम पाकिस्तान के जनक कायदे-आजम मोहम्मद अली जिन्ना के नाम पर रखा गया था।

उस चौकी की संरचना समझना भी बड़ा रोचक है। वह चौकी, ग्लेशियर के ऊपर एक दुर्ग की तरह बनाई गई, जिसके दोनों तरफ पन्द्रह सौ फीट ऊँची बर्फ की दीवारें थीं। इस तरह पाकिस्तान ने अपनी यह चौकी 'कायद' बड़ी चुनौती की तरह, भारत की सीमा के भीतर बनाई थी, जिसे अतिक्रमण के अलावा कोई और नाम नहीं दिया जा सकता।

जाहिर है, भारत के लिए इस घटना की जानकारी पाकर चुप बैठना सम्भव नहीं था। भारतीय सेना ने यह प्रस्ताव बनाया कि हमें इस चौकी को वहाँ से हटाकर उस पर अपना कब्जा कर लेना है।

इस प्रस्ताव के जवाब में नायब सूबेदार बाना सिंह ने खुद आगे बढ़कर यह कहा कि वह इस काम को जा कर पूरा करेंगे। वह 8 जम्मू कश्मीर लाइट इन्फेन्टरी में नायब सूबेदार थे। उन्हें इस बात की इजाज़त दे दी गई।

नायब सूबेदार बाना सिंह ने अपने साथ चार साथी और लिए और अपने लक्ष्य की ओर बढ़ लिए। योजना के अनुसार बटालियन के दूसरे लोग पाकिस्तानी दुश्मन के सैनिकों को उलझा कर रखे रहे और उधर बाना सिंह और उनके साथियों ने उस चौकी तक पहुँचने का काम शुरू कर दिया।

'कायद पोस्ट' की सपाट दीवार पर, जो कि बर्फ की बनी थी, उस पर चढ़ना बेहद कठिन और जोखिम भरा काम था। इसके पहले भी कई बार इस दीवार पर चढ़ने की कोशिश हिन्दुस्तानी सैनिकों ने की थी और नाकाम रहे थे। रात का तापमान शून्य से भी तीस डिग्री नीचे गिरा हुआ था। तेज हवाएँ चल रही थीं। पिछले तीन दिनों से लगातार जबरदस्त बर्फ गिर रही थी। भयंकर सर्दी के कारण बन्दूकें भी ठीक से काम नहीं कर रही थीं।

खैर, अँधेरे का फायदा उठाते हुए बाना सिंह और उसकी टीम आगे बढ़ रही थी। रास्ते में उन्हें उन भारतीय बहादुरों के शव भी पड़े दिख रहे थे जिन्होंने यहां पहुँचने के रास्ते में प्राण गँवाए थे। जैसे-तैसे बाना सिंह अपने साथियों को लेकर ठीक ऊपर तक पहुँचने में कामयाब हो गया।

वहाँ पहुँच कर उसने अपने दल को दो हिस्सों में बाँटकर दो दिशाओं में तैनात किया और फिर उस 'कायद पोस्ट' पर ग्रेनेड फेंकने शुरू किए। वहाँ बने बंकरों में ग्रेनेड ने अपना काम दिखाया। साथ ही दूसरे दल के जवानों ने दुश्मन के सैनिकों को, जोकि उस चौकी पर थे, बैनेट से मौत के घाट उतारना शुरू कर दिया। वहां पर पाकिस्तान के स्पेशल सर्विस ग्रुप (SSG) के कमांडो तैनात थे, जो इस अचानक हमले में मारे गए और कुछ चौकी छोड़कर भाग निकले।

कुछ ही देर में वह चौकी दुश्मनों के हाथ से भारतीय बहादुरों के हाथ आ गई। मोर्चा फतह हुआ था। बाना सिंह समेत उसका दल सही सलामत उस पर काबिज हो गया।

बहादुर नायब सूबेदार बाना सिंह का जन्म 6 जनवरी 1949 को जम्मू कश्मीर के काद्‌याल गाँव में हुआ था। 6 जनवरी 1969 को उनका फौजी जीवन शुरू हुआ था और वह अपनी इस यूनिट में आए थे। सियाचिन में जो चौकी बाना सिंह ने फतह की, उसका नाम बाद में 'बाना पोस्ट' रख दिया गया।

बाना सिंह ने इस कार्यवाही के लिए परमवीर चक्र पाया। उन्होंने कारगिल की लड़ाई का हाल भी जाना–सुना। उस समय तक वह फौज की सेवा में कार्यरत थे।

मेजर रामास्वामी परमेस्वरन

8 महार (नं. I.C. 32907)

प्रशस्ति वाचन

25 नवम्बर 1987 को देर रात, मेजर रामास्वामी परमेस्वरन श्रीलंका की तलाशी तथा छानबीन की कार्यवाही के बाद लौट रहे थे तभी उनकी टुकड़ी को घात लगा कर बैठे आतंकवादियों ने रोक लिया। उस अचानक घटना के बावजूद शान्तिपूर्वक सन्तुलन बनाए रखते हुए, मेजर ने आतंकवादी दल को पीछे से घेरा और उनको भौंचक छोड़ते हुए उन पर धावा बोल दिया।

इस हमले के बाद दोनों दलों में आमने-सामने की मुठभेड़ शुरू हो गई तभी एक आतंकवादी की एक गोली सीधे आकर मेजर रामास्वामी की छाती पर लगी। इस आघात से भी मेजर विचलित नहीं हुए और उन्होंने उस आतंकवादी से उसकी राइफल छीन कर उसे उसी की बन्दूक से वहीं ढेर कर दिया। गम्भीर रूप से घायल होने के बावजूद वह अपनी टुकड़ी को आखिरी दम तक निर्देश देते रहे और उनका हौसला बढ़ाते रहे। इस मुठभेड़ में पांच आंतकवादी मारे गये और उनकी तीन राइफलें और दो रॉकेट लांचर्स मेजर की सेना ने अपने कब्जे में ले लिए। इस तरह वह हमला नाकाम किया गया।

मेजर रामास्वामी परमेस्वरन ने इस तरह बेहद वीरता का प्रदर्शन किया और अपनी कार्यवाही में प्राण गँवाने तक में ज़रा भी हिचक नहीं दिखाई।

गज़ट इण्डिया नोटिफिकेशन
नं. 9 प्रेस/88

शौर्य गाथा

भारत की सेनाओं ने हमेशा युद्ध के लिए हथियार नहीं उठाए बल्कि ऐसा भी मौका आया जब उसकी भूमिका विश्व स्तर पर शान्ति बनाए रखने की रही। श्रीलंका में ऐसे ही उदाहरण के साथ भारत का नाम जुड़ा हुआ है। विस्तृत इतिहास के बीच एक प्रसंग 'आपरेशन पवन' का है जो 1987 से 1990 तक श्रीलंका में

चला, जिसमें भारतीय सेना के वीर मेजर रामास्वामी परमेस्वरन ने शान्ति विरोधी तत्त्वों के हाथों अपने प्राण गँवाए और इसके लिए उन्हें भारत सरकार द्वारा परमवीर चक्र प्रदान किया गया।

श्रीलंका में शान्ति भंग की समस्या की जड़ में वहाँ के निवासी सिंघली तथा तमिलों के बीच का द्वन्द्व है। तमिल लोग वहाँ पर अल्पसंख्यकों के रूप में बसे हैं। आंकड़े बताते हैं कि तमिल श्रीलंका की कुल आबादी का केवल 18 प्रतिशत हिस्सा हैं और श्रीलंका की सिंघली बहुल सरकार की ओर से तमिलों के हितों की अनदेखी होती रही है। इससे तमिलों में असन्तोष की भावना इतनी भरती गई कि उसने विद्रोह का रूप ले लिया और वह स्वतन्त्र राज्य तमिल ईलम की माँग के साथ उग्र हो गए।

स्पष्ट है कि श्रीलंका इस प्रकार की उग्र तथा विघटनकारी भावना का दमन करती। इस दमन चक्र का परिणाम यह हुआ कि श्रीलंका से तमिल नागरिक बतौर शरणार्थी भारत के तमिलनाडु में भागकर आने लगे। यह स्थिति भारत के लिए अनुकूल नहीं थी। ऐसे में 29 जुलाई 1987 को भारत और श्रीलंका के बीच एक अनुबंध हुआ, जिसमें श्रीलंका के कई तमिल प्रतिनिधि भी साथ लिए गए। इस अनुबंध के अनुसार भारत की एक इण्डियन पीस कीपिंग फोर्स (IPKF) का श्रीलंका जाना तय हुआ जहाँ वह तमिल उग्रवादियों का सामना करते हुए वहाँ शान्ति बनाने का काम करें, ताकि श्रीलंका से भारत की ओर शरणार्थियों का आना रुक जाए।

इस IPKF अर्थात् भारतीय शान्ति सेना ने सभी उग्रवादियों से हथियार डालने का दबाव बनाया, जिसमें वह काफी हद तक सफल भी हुई लेकिन तमिल ईलम का उग्रवादी संगठन LTTE अर्थात टाइगर्स ऑफ तमिल ईलम इस काम में कुटिलता बरत गया। उसने पूरी तरह से हथियार न डाल कर अपनी नीति बदल ली और उन्होंने आत्मघाती दस्तों का गठन करके गोरिल्ला युद्ध शिल्प अपना लिया। 5 अक्टूबर 1987 को टाइगर्स की ओर से ऐसा ही कृत्य देखने को मिला।

ऐसी स्थिति में भारत की शान्ति सेना की भूमिका बदल गई। खुद को टाइगर्स के हमलों से बचाने के लिए उन्हें भी सतर्क योद्धा का तरीका अपनाना पड़ा और वहाँ भी युद्ध जैसी स्थिति आने से बच नहीं पाई।

इसी शान्ति सेना की भूमिका में 8 महार बटालियन के मेजर रामास्वामी परमेस्वरन श्रीलंका पहुँचे थे। उनके साथ 91 इन्फेन्टरी ब्रिगेड तथा 54 इन्फेन्टरी डिवीजन था और उनके इस लक्ष्य का नाम 'आपरेशन पवन' दिया गया था। यह ग्रुप 30 जुलाई 1987 को ही, यानी अनुबंध होने के अगले ही दिन श्रीलंका पहुँचा था और जाफ़ना पेनिनसुला में तैनात हुआ था। वहाँ पहुँचते ही इन्हें कई मोर्चों पर टाइगर्स का सामना करना पड़ा था, जिनमें मरुथनामादाम, तथा कंतारोदाई प्रमुख कहे जा सकते हैं।

24 नवम्बर 1987 को इस बटालियन को, जिसकी अगुवाई मेजर रामास्वामी कर रहे थे, सूचना मिली कि कंतारोदाई के एक गाँव में शस्त्र तथा गोलाबारूद का एक जखीरा किसी घर में उतारा गया है।

सूचना मिलते ही कैप्टन डी.आर. शर्मा के साथ बीस सैनिकों का एक दल इस सूचना की सत्यता और उससे जुड़े तथ्य पता करने रवाना कर दिया गया। इस गश्ती दल पर, उस संदिग्ध घर के पास एक मन्दिर के परिसर से गोली बरसाई गई जिससे इस दल को भी गोलियां चलानी पड़ीं। उस समय भारत की बटालियन उडूविल में थी। वहाँ इस दल ने सूचना भेजी कि संदिग्ध मकान में टाइगर्स का अड्डा है और वहाँ इनकी गिनती हमारे अनुमान से कहीं ज्यादा है।

इस सूचना के आधार पर मेजर रामास्वामी तथा 'सी' कम्पनी के कमाण्डर ने यह तय किया कि इस स्थिति का मुकाबला नियोजित ढंग से किया जाना चाहिए। उन्होंने मजबूत गश्ती दल के साथ-साथ साढ़े आठ बजे कैप्टन शर्मा के दल के साथ मिलने के लिए कूच किया ताकि उस संदिग्ध मकान पर कार्यवाही की जा सके।

मेजर रामास्वामी का पूरा दल उस मकान के पास रात को डेढ़ बजे 25 नवम्बर 1987 को पहुँच गया। वहाँ कोई हलचल उन्हें नजर नहीं आई, सिवाय इसके कि एक खाली ट्रक उस घर के पास खड़ा हुआ था। मेजर रामास्वामी के दल ने उस मकान की घेरा बन्दी कर ली और तय किया कि सवेरे रौशनी की पहली किरण के साथ ही वहाँ तलाशी का अभियान शुरू कर दिया जाएगा।

सुबह पाँच बजे तलाशी का काम शुरू हुआ लेकिन वहाँ कुछ भी नहीं मिला। आखिर वे लोग वापस चल पड़े। तभी मन्दिर के बगीचे से गोलाबारी शुरू हो गई। इस दल ने भी जवाबी कार्यवाही की। दुश्मन की अचानक गोलाबारी से इस दल का एक जवान मारा गया था और एक घायल हो गया था। इस पर मेजर रामास्वामी तथा कैप्टन शर्मा ने अपनी रणनीति तय की और उसके हिसाब से कार्यवाही शुरू की। इस दौरान मन्दिर की बगिया और वहाँ नारियल के झुरमुटों के बीच से दुश्मन गोलाबारी कर रहा था। इसी का सामना करते हुए जब मेजर रामास्वामी नारियल के बाग के सामने पहुँचे तो उनका सामना उग्रवादी टाइगर्स से हो गया और स्थिति आमने-सामने की मुठभेड़ की बन गई।

तभी अचानक एक उग्रवादी की राइफल से छूट कर एक गोली सीधे मेजर रामास्वामी परमेस्वरन की छाती पर लगी। यह एक प्राणघाती हमला था लेकिन रामास्वामी ने इसकी परवाह किए बगैर उस उग्रवादी से झपट कर उसकी राइफल छीनी और उसी से उस दुश्मन का काम तमाम कर दिया। छाती पर गोली लगने से मेजर परमेस्वरन निढाल हो गए थे, तब भी वह साहस पूर्ण नेतृत्व क्षमता दिखाते हुए अपने दल को निर्देश देते रहे उनके दल ने फुर्ती से दुश्मन को घेर लिया था और दुश्मन भी समझ गया था कि अब वह आक्रामक रुख नहीं अपनाए रह सकता।

उसने तुरन्त पैंतरा बदला और जंगल की तरफ भागने के लिए रुख किया, फिर भी भारत के, जवानों ने उनमें से छह उग्रवादी तमिल ईलमों को मार गिराया तथा उनसे तीन ए.के 47 राइफल्स तथा दो रॉकेट लांचर्स हथिया लिए जिनमें बम भी लगे हुए थे।

इस तरह से वीरता पूर्वक मेजर रामास्वामी परमेस्वरन श्रीलंका के 'आपरेशन पवन' में शहीद हो गए और उन्होंने भारत सरकार का युद्ध में दिया जाने वाला सर्वश्रेष्ठ सम्मान परमवीर चक्र मरणोपरान्त प्राप्त किया।

मेजर रामास्वामी परमेस्वरन का जन्म 13 सितम्बर 1946 में बम्बई में हुआ था। सेना में कमीशंड अधिकारी के रूप में वह महार रेजिमेंट में 16 जनवरी 1972 को आए थे। उन्होंने मिजोरम तथा त्रिपुरा में युद्ध में भाग लिया था। वह अपने स्वभाव में अनुशासन तथा सहनशीलता के कारण बहुत लोकप्रिय अधिकारी थे और उन्हें उनके साथी 'पेरी साहब' कहा करते थे।

25 नवम्बर 1987 को 46 वर्ष की आयु में पराक्रमी रामास्वामी वीरगति को प्राप्त हुए लेकिन उन्होंने देश के हित में एक आदर्श स्थापित किया।

भारत-पाक (कारगिल) युद्ध 1999

परमवीर चक्र विजेता

- कैप्टन विक्रम बत्रा
- लेफ्टीनेंट मनोज कुमार पांडे
- ग्रेनेडियर योगेन्द्र सिंह ादव
- राइल मैन संजय कुमार

कैप्टन विक्रम बत्रा

13 जम्मू कश्मीर राइफल्स

प्रशस्ति वाचन

20 जून 1999 को 'ऑपरेशन विजय' के दौरान कैप्टन विक्रम बत्रा को 5140 ठिकाने पर आक्रमण करने की जिम्मेदारी सौंपी गई। वह उस समय डेल्टा कम्पनी के कमांडर थे। कैप्टन बत्रा ने अपनी टुकड़ी के साथ 5140 को, उसे बिना कोई खबर हुए घेर लिया। उनका घेराव पूर्वी दिशा से शुरू हुआ और वह ठिकाने से बस इतनी दूर रह गए, जहाँ से हमला किया जा सके। अब कैप्टन बत्रा ने अपनी टुकड़ी की व्यवस्था फिर जमाई और अपने जवानों को जोश दिलाया कि वे दुश्मन के ठिकाने पर टूट पड़ें।

सामने से धावा बोलते हुए बेहद आक्रामक तेवर के साथ कैप्टन ने दुश्मन से मुठभेड़ की और आमने-सामने की लड़ाई में उसके चार जवानों को मार गिराया।

7 जुलाई 1999 को दूसरे ठिकाने नम्बर 4875 पर हमला करने का काम इस कम्पनी को मिला था। वह ठिकाना दुश्मन का एक मजबूत गढ़ था और उसके दोनों ही ओर बहुत संकरा और कटावदार रास्ता था जिस पर दुश्मन के सैनिकों का जमघट लगा था। मोर्चे को बहुत जल्द फतह करने की कोशिश में कैप्टन बत्रा ने दुश्मन के ठिकाने पर एक संकरी मेड़ के रास्ते हमला किया और आमने-सामने की मुठभेड़ में बहुत कम दूरी से गोलाबारी करके पाँच सिपाहियों को मार गिराया।

कैप्टन बत्रा इस मुठभेड़ में खुद भी काफी घायल हो गए थे लेकिन अपनी जान की परवाह किए बिना, जमीन पर रेंगते हुए वह दुश्मन की ओर बढ़े और उसका व्यूह तोड़ते हुए उन्होंने उनके ग्रेनेड के हमले को बाधित कर दिया। वह सामने से आगे बढ़ रहे थे और अपनी टुकड़ी की अगुवाई करते हुए उन्हें भी उत्साहित करते जा रहे थे कि वह दुश्मन से जूझते रहें। अपने इस उत्साह में वह कामयाब हुए और उन्होंने वह असम्भव सी लगने वाली विजय की मंजिल हासिल कर ली। अपने इस प्रयास में वह बेहद घायल हो गए थे, उनके जख्म प्राण घातक सिद्ध हुए और वीरतापूर्वक लड़ते हुए वह शहीद हो गए। उनके नेतृत्व का यह प्रभाव

था कि उनके बाद उनके सैनिक जोश से लड़े और उन्होंने 4875 नम्बर के ठिकाने को जीत लिया।

कैप्टन विक्रम बत्रा ने इस तरह एक बेहद बहादुरी भरी वीरता का परिचय दिया। इसमें उनका निजी शौर्य तथा उनकी नेतृत्व क्षमता सामने आई। शीर्षस्थ स्तर की बहादुरी दिखाते हुए कैप्टन बत्रा ने भारतीय सेना के सामने त्याग एवं बलिदान का अद्भुत उदाहरण रखा।

गज़ट ऑफ इण्डिया नोटिफिकेशन
नं. 16 प्रेस/2000

शौर्य गाथा

कारगिल के मई से जुलाई 1999 तक लड़े गए युद्ध में भारत के चार पराक्रमी सैनिकों ने अपनी बहादुरी का प्रदर्शन करते हुए परमवीर चक्र का सम्मान प्राप्त किया। इनमें दो योद्धाओं को यह सम्मान मरणोपरान्त दिया गया। कैप्टेन विक्रम बत्रा उन्हीं परमवीर चक्र प्राप्त सेनानियों में से एक हैं, जिन्होंने कारगिल के मोर्चे पर वीरगति प्राप्त की। उनका जन्म 9 सितम्बर 1974 को हिमाचल प्रदेश के पालमपुर जिले के धुग्गर गाँव में हुआ था और 1996 में वह सेना में आए थे।

13 जम्मू कश्मीर राइफल्स को जिसकी 'डी' कम्पनी का नेतृत्व विक्रम बत्रा कर रहे थे, 5140 नम्बर का प्वांइट फतह करने का काम सौंपा गया। उनके साथ 'बी' कम्पनी को भी इस लक्ष्य पर जाना था, जिसके अगुवा कैप्टन जामवाल थे। इस जिम्मेदारी को लेकर दोनों कम्पनियां 19 जून 1999 को सुबह चार बजे टोलोलिंग चोटी पर पहुँच गईं। वहाँ से उन्होंने पश्चिमी पठार की ढलान 'दम्प' पर सुबह साढ़े छह बजे पहुँच कर अपनी हाजिरी दर्ज की। इनके कमांडिंग ऑफिसर लेफ्टिनेंट कर्नल वाई.के. जोशी ने इन्हें जरूरी जानकारी दी और कूच का आदेश सुनाया। कैप्टन बत्रा ने जोश में भर कर लेफ्टिनेंट कर्नल जोशी को बताया कि उनकी सफलता का संकेत वाक्य होगा, 'ये दिल माँगे मोर' इस पर कैप्टन जामवाल ने भी अपना संकेत वाक्य बताया 'ओह, येह, येह, येह...'

रात का अँधेरा घिरते ही दोनों कम्पनियाँ बी और डी, प्वाइंट 5140 की ओर चल पड़ीं। जिस प्वाइंट को इन्हें जीतना था वह 15 हजार फीट ऊँचा था। यह एक विकट चढ़ाई थी और वहाँ वातावरण में आक्सीजन की कमी थी, जो सांस लेने तक में कठिनाई पैदा कर रही थी। ऐसे में इन टुकड़ियों के जवान ठहर-ठहर कर चढ़ रहे थे। दुश्मन ने इस इलाके में रोशनी का अच्छा बन्दोबस्त किया हुआ था, जिससे रात के अँधेरे का फायदा इन कम्पनियों को नहीं मिल पा रहा था। साथ में दुश्मन

की तरफ से जबरदस्त गोलाबारी भी जारी थी, जिससे सैनिक घायल हो रहे थे। फिर भी, तमाम कठिनाइयों के बावजूद कम्पनियों का अभियान जारी था।

दोनों कम्पनियां चोटी पर रात के करीब सवा तीन बजे पहुँच गईं। उस ठिकाने पर कुल सात बंकर दुश्मन ने बनाए थे। दो बंकर एकदम ऊपर चोटी पर थे और पाँच पूरब दिशा की ओर। कैप्टन जामवाल की कम्पनी पहले ऊपर पहुँच गई। और उसने बाएँ से हमला कर दिया। हमले के ठीक पहले ये कम्पनियाँ दुश्मन के रेडियो क्षेत्र में आ गईं और उन्होंने कैप्टन बत्रा की कम्पनी की ओर संकेत करते हुए ललकारा।

'कोई भी जिन्दा बचकर नहीं जाएगा।'

इस पर कैप्टन बत्रा की ओर से जो बढ़-चढ़ कर जवाब दिया गया उससे दुश्मन की टुकड़ी बुरी तरह घबरा गई और उनकी ओर से जो कोशिश भारत की सेना का मनोबल तोड़ने के लिए की गई थी वह कामयाब तो क्या, उल्टी ही पड़ गई। फिर उधर से कोई आवाज नहीं आई। पहले जामवाल की कम्पनी ने अपना मोर्चा फतह कर लिया और अपना विजय सन्देश हवा में लहरा दिया 'ओह येह, येह, येह...' तभी कैप्टन बत्रा की कम्पनी ने तीन रॉकेट दागे और इसके पहले कि दुश्मन हमले की मुहिम बनाए, दुश्मन के छह जवान मारे गए। बाकी जवानों में इतनी घबराहट फैली कि वह भाग निकले। भोर चार बज कर पैंतीस मिनट पर कैप्टन बत्रा का जय घोष हवा में गूँजा, 'ये दिल माँगे मोर...' मोर्चा फतह हो गया था। प्वाइंट 5140 पर भारत का कब्जा था। दुश्मन भारी मात्रा में हथियार और गोला बारूद छोड़कर भागे थे, उस पर विक्रम बत्रा की कम्पनी ने कब्जा कर लिया था। अब प्वाइंट 5140 भारत के अधीन था।

इस विजय ने सबसे बड़ी उपलब्धि यह हासिल की थी कि अब टोलोलिंग की चोटी पर हमारे हैलीकॉप्टर उतर सकते थे।

यह 13 जम्मू एण्ड कश्मीर राइफल्स की बड़ी उपलब्धि थी। इस जीत के बाद उनके लिए दूसरी चुनौती थी प्वाइंट 4875 पर कब्जा करना।

यह ठिकाना मुश्कोह घाटी में था। इसका फैलाव राष्ट्रीय राज मार्ग 1A की 30-40 किलोमीटर की दूरी तक गया था। यहाँ से काफी दूर तक निगरानी रखना आसान था, साथ ही यहाँ से गोलाबारी भी बहुत प्रभावी ढंग से हो सकती थी।

इस ठिकाने को पाकिस्तान से छीन कर अपने कब्जे में लेने की जद्दोजहद 26 जून 1999 से जारी थी और दोनों तरफ के घमासान में टक्कर की लड़ाई होती नजर आ रही थी।

6 जुलाई को ऐसे में यह जिम्मा कैप्टन विक्रम बत्रा की डी कम्पनी को सौंपा गया कि वह पहाड़ी के कगार तक पहुँचे हुए दुश्मन को वहाँ से पीछे भगाए, ताकि 13 जम्मू एण्ड कश्मीर राइफल्स की टुकड़ी वहाँ 4175 प्वाइंट पर अपना कब्जा कर सके।

7 जुलाई 1999 को जब विक्रम बत्रा ने देखा कि दुश्मन से आमने-सामने की मुठभेड़ की स्थिति बनी हुई है और दुश्मन आगे बढ़ने की जगह नहीं दे रहा है, तो उन्होंने तय किया कि वह ख़ुद टुकड़ी की अगुवाई करते हुए दुश्मन की इस जमावट को ध्वस्त करेंगे। ताकि पहाड़ी की उस कगार पर 13 जम्मू एण्ड कश्मीर राइफल्स पैर जमा सके। उस समय दुश्मन की ओर से जबरदस्त गोलाबारी आटोमेटिक गन से हो रही थी, साथ ही बमबारी भी जारी थी। कैप्टन बत्रा ने इसकी ज़रा भी परवाह नहीं की और अपनी ए.के. 47 राइफल से गोलियाँ चलाते हुए दुश्मन के ठिकाने पर टूट पड़े। वह एक बेहद संकरे रास्ते से यकायक घूमकर सामने आए थे और उन्होंने दुश्मन को भौंचक करते हुए पाँच पाकिस्तानी सैनिकों को मौत के घाट उतार दिया था। लेकिन इस बीच उनके भी सैनिक काफी संख्या में हताहत हुए थे और उनके सीने पर बहुत नजदीक से गोली लगी थी। इस आघात से कैप्टन बत्रा वहीं लड़खड़ा कर गिर पड़े। उन्हें गिरता देख कर उनके साथियों का आक्रोश उबल पड़ा और वे सब पूरी ताकत से दुश्मन पर जूझ पड़े थे और उन सबने मोर्चा जीत कर ही दम लिया था।

उस मोर्चे पर जो कैप्टन विक्रम बत्रा की डी कम्पनी ने फतह कर लिया था, कैप्टन विक्रम बत्रा स्वयं सीने पर गोली खाकर शहीद हो गए थे। मरते-मरते भी उन्होंने अपनी अदम्य वीरता का परिचय दिया था।

कारगिल की यह लड़ाई लम्बी चली थी और इसे पाकिस्तान की कुटिलता का सबसे बड़ा नमूना माना जा सकता है। पाकिस्तान तीन बार कश्मीर हड़पने के चक्कर में पहले भारत पर हमला कर चुका था और उसने हार का मुँह देखा था। कारगिल के पहले 1971 में उसने भारत की सेना के हाथों अपना पूर्वी पाकिस्तान का हिस्सा गँवा कर बांग्ला देश को स्थापित होते देखा था। इस बार करीब पन्द्रह साल सब्र करने के बाद 1986-87 से ही कारगिल के युद्ध की रूपरेखा रचनी शुरू कर दी थी। उसका मकसद कश्मीर को लद्दाख से काट देना था, जिसके लिए उसका इरादा श्रीनगर-लेह राष्ट्रीय राज मार्ग बाधित कर देने का था। साथ ही भारत को सियाचिन को जीवन रेखा से भी तोड़ देने का था। यह सब पाकिस्तान की योजना का हिस्सा था लेकिन इसको पूरी सहमति भीतर से ही नहीं मिल पा रही थी।

इसे 1987 में जिया उल हक ने तब सामने रखा, जब लेफ्टिनेंट जनरल याकूब खान ने, जो उस समय विदेश मन्त्री थे, इस के पक्ष में अपनी राय नहीं दी। 1994 में, फिर 1997 में इसमें उबाल आया लेकिन किसी नतीजे पर नहीं पहुँचा। आखिर 1998 में परवेज़ मुशर्रफ से इसे तब हाथ में लिया, जब पाकिस्तानी सेना प्रमुख जहाँगीर करामत ने इसे आगे बढ़ाने से इंकार कर दिया। जहाँगीर करामत की तो नौकरी गई और 1998 में प्रधानमन्त्री नवाज़ शरीफ ने परवेज़ मुशर्रफ के हाथों यह योजना सौंप कर इसे लागू करने का आदेश दे दिया। इस तरह 1987 से पकती यह षड्यन्त्रकारी

योजना अक्टूबर 1998 में लागू की गई और कारगिल की लड़ाई की तैयारियाँ पाकिस्तान में शुरू हो गईं।

पाकिस्तान इस ओर से इतना बेसब्र इसलिए था क्योंकि वह 1971 में लगे अपने कलंक से मुक्ति पाना चाहता था, जब वह न सिर्फ भारत से जंग हारा था, बल्कि उसका हिस्सा पूर्वी पाकिस्तान एक स्वतन्त्र राष्ट्र होकर बांग्लादेश बन गया था। दूसरी तरफ पाकिस्तान के फौजी तजुर्बेकारों का कहना था कि यह समय इस योजना को अंजाम देने के लिए बहुत ठीक है और सफलता निश्चित है। इस तरह पाकिस्तान एक बेहद असम्भव सपना देख रहा था कि अब कश्मीर उसका हो जाएगा।

उस समय भारत की स्थिति यह थी कि जम्मू में मानवार से गुरेज तक नियन्त्रण रेखा पर तो तगड़ी निगरानी थी लेकिन जहाँ कारगिल युद्ध लड़ा गया, वहाँ मुश्कोह घाटी, द्रास, काक्सर तथा बटालिक में 10 किलोमीटर से 45 किलोमीटर तक ऐसे हिस्से थे, जिनमें गश्त तथा निगरानी भारत तथा पाकिस्तान दोनों ओर से केवल गर्मियों में की जाती थी और सर्दियों में, जब वहाँ भयंकर बर्फानी तूफान तथा बर्फबारी होती थी, तब वह क्षेत्र असुरक्षित रहता था। वैसे भी, नियन्त्रण रेखा पर पूरी तरह चौकसी, बारहों महीने बरत पाना बहुत आसान भी नहीं था।

पाकिस्तान ने इसका लाभ उठाया। उसने उस क्षेत्र में भारी सेना तैनात कर दी और शिमला समझौते की भी परवाह न करके चार से आठ किलोमीटर तक उसका अतिक्रमण करते हुए वह सब सेक्टरों में भीतर घुसते चले आए। भारत इस ओर से बेखबर रहा। मई तक पाकिस्तानी सेना अपनी पूरी तैयारी से सब ठिकानों पर अपने बंकर और चौकियाँ बना कर बैठ गई।

भारत को इसकी जानकारी 6 मई 1999 को मिली जब स्थानीय चरवाहों में फौजों का जमावड़ा देख कर सुगबुगाहट पैदा हुई और उन्होंने हो हल्ला मचाया। उसके बाद भारत को तैयारी करने में कुछ समय लगा। इस बीच भारत ने स्थिति का पता लगाने एक गश्ती दल भेजा, जो वापस नहीं लौटा। 10 जून 1999 को पाकिस्तान ने उस गश्ती दल के सैनिकों के क्षत-विक्षत शव भारत को सौंपे। यह युद्ध का एलान करते हुए एक सन्देश भारत के लिए था। खैर यह युद्ध पाकिस्तान ने शुरू किया था लेकिन इसे खत्म तो भारत को करना था और जीत भी भारत की ही तय थी। वही हुआ और जुलाई 1999 में पाकिस्तान एक बार फिर हार का मुँह देख कर रह गया और कश्मीर हमारे हाथ में ही रहा।

हमारे चार जवान इसमें परमवीर चक्र से विभूषित हुए जिनमें वीर कैप्टन विक्रम बत्रा भी थे, जिन्होंने अपने प्राण तो गँवाए लेकिन अपने लक्ष्य को जीत कर ही गए।

लेफ्टिनेंट मनोज कुमार पांडे
1/11 गोरखा राइफल्स (नं. I.C. 56959)

प्रशस्ति वाचन

'आपरेशन विजय' के दौरान लेफ्टिनेंट मनोज कुमार पांडे ने एक के बाद एक कई ऐसे कारनामे पेश किए जिससे दुश्मन की फौजों को पीछे हटना पड़ा। और उसे भारी, नुकसान हुआ। ऐसा पराक्रम उन्होंने बटालिक में, और 'जाउबार टॉप' पर फतह के दौरान भी दिखाया।

2/3 जुलाई 1999 की रात को खालूबार की ओर बढ़ते हुए, उनकी प्लाटून अपने लक्ष्य की ओर करीब-करीब पहुँच गई थी, तभी दुश्मन की ओर से आस-पास की पहाड़ियों से भारी गोलाबारी शुरू हो गई। ऐसी परिस्थिति में मनोज पाण्डे को यह जिम्मेदारी सौंपी गई कि वह दुश्मन के उन ठिकानों को साफ कर दें, जो उनकी प्लाटून के रास्ते में बाधा बन गई है।

मनोज पांडे ने तुरत-फुरत अपनी प्लाटून को दुश्मन की लगातार गोलाबारी से बचाते हुए, एक ओर किया। उन्होंने एक दल को दुश्मन के ठिकाने पर दाहिनी ओर से धावा बोलने का निर्देश दिया और खुद एक दूसरा दल लेकर बाईं ओर से हमला करने चल पड़े। निडर होकर आक्रमण करते हुए इन्होंने दुश्मन का वह ठिकाना नष्ट कर दिया और दो सैनिकों को मार गिराया। फिर वह दूसरे ठिकाने की ओर घूमे। वहाँ भी उन्होंने फतह हासिल की और दो और जवान हलाक कर दिए।

तीसरे मोर्चे पर लड़ते हुए उनकी टाँगें और कँधे घायल हो गए। इन घावों की परवाह किए बिना वह चौथे मोर्चे की ओर बढ़े और अपने जवानों का जोश बढ़ाते हुए उन्होंने उस ठिकाने को भी एक ग्रेनेड से ध्वस्त कर दिया। इस बीच उनके सिर में एक जबरदस्त प्राणघाती चोट लगी।

लेफ्टिनेंट मनोज कुमार पांडे के इस अकेले बहादुरी निभाने के उदाहरण ने उनकी टुकड़ियों को जबरदस्त जोश तथा उत्साह से भर दिया और वह अन्ततः खालूबार को जीतने में सफल हुए। लेकिन इस विजय के साथ लेफ्टिनेंट मनोज पांडे भी वीरगति को प्राप्त हुए।

इस तरह लेफ्टिनेंट मनोज कुमार पांडे ने बहादुरी भरा कारनामा प्रदर्शित किया। इससे उनका अदम्य साहस तथा उनकी अद्भुत नेतृत्व क्षमता सामने

आई। अपने इस आत्मबलिदान से उन्होंने भारतीय सेना के लिए एक परम्परा का निर्वाह किया।

गज़ट आफ इण्डिया नोटिफिकेशन
नं. प्रेस/2000

शौर्य गाथा

पाकिस्तान के साथ भारत ने जो चार युद्ध लड़े, उनमें कारगिल का युद्ध बहुत से कारणों से विशेष कहा जाता है। एक तो यह युद्ध बेहद कठिन और ऊँची चोटियों पर लड़ा गया, जो बर्फ से ढकी और दुर्गम थीं, साथ ही यह युद्ध पाकिस्तान की लम्बी तैयारी का नतीजा था जिसकी योजना उसके मन में बरसों से पल रही थी।

इसी युद्ध के कठिन मोर्चों में एक मोर्चा खालूबार का था जिसको फतह करने के लिए कमर कस कर लेफ्टिनेंट मनोज कुमार पांडे अपनी 1/11 गोरखा राइफल्स की अगुवाई करते हुए दुश्मन से जूझ गए और उसे जीत कर ही माने। भले ही, इस कोशिश में उन्हें अपने प्राणों का बलिदान देना पड़ा।

कारगिल का युद्ध भले ही जुलाई 1999 में लड़ा गया हो, लेकिन पाकिस्तान के पास उसकी योजना बरसों पहले से थी और वह उस पर विभिन्न लोगों के साथ अलग-अलग दृष्टिकोण से विचार-विमर्श कर रहा था। कारगिल के जरिए पाकिस्तान का मंसूबा कश्मीर को लद्दाख से अलग कर देने का था और इसके लिए वह श्रीनगर-लेह राजमार्ग को बाधित कर देना चाहता था। उसकी चाल थी कि वह सियाचिन को भारत से मिलने वाला जीवन तन्त्र भंग कर दे और कारगिल को भी अलग कर दे। इस सारी कार्यवाही के पीछे उसकी असली मर्जी कश्मीर को जबरदस्ती हड़प लेने की थी। उसके मन में सियाचिन हाथ से निकल जाने की छटपटाहट भी हलचल मचा रही थी क्योंकि इस पराजय को पाकिस्तान ने अपनी सैन्य शक्ति की पराजय की तरह लिया था। इस बहाने वह कश्मीरी मुजाहिद्दीनों को इस्तेमाल करते हुए उन्हें हीरो बनने और त्याग-बलिदान करने के लिए उकसाना चाहता था। साफ है कि पाकिस्तान के मन में राजनैतिक आधिपत्य की भावना गहरे जड़ जमा चुकी थी और वह मौके-बहाने तलाश रहा था।

इस दौरान उसके मन में छल की भावना भी कम नहीं थी। एक तरफ उसकी ओर से शान्तिवार्ता का रास्ता भी खुला बताया जा रहा था। वह भारत के प्रधान मन्त्री के साथ भारत-लाहौर बस मार्ग के उत्सव में बराबर से शामिल था, दूसरी तरफ, उसकी सैनिक गतिविधि भी जारी थी, जिसके पीछे कारगिल युद्ध की भूमिका थी।

मुशर्रफ के सेना-प्रमुख के तौर पर आने के बाद से ही अक्टूबर 1998 से इस लड़ाई की तैयारी पाकिस्तान ने शुरू कर दी थी और उसकी सेना को ऊँची पहाड़ी सीमा पर लड़ने का प्रशिक्षण मिलने लगा था।

कारगिल का युद्ध मुश्कोह घाटी में द्रास, काक्सर, तथा बटालिक क्षेत्र में लड़ा जाने वाला था, जहाँ दस से सैंतालीस किलोमीटर दूर तक ऐसी सीमा रेखा थी, जहाँ भारतीय सैनिकों की व्यवस्था नहीं थी। भारत सचमुच उस तरफ से निश्चिंत था लेकिन भारत को चौंकाते हुए पाकिस्तान ने, शिमला समझौते का भी उल्लंघन करते हुए एक ऐसा कारनामा कर डाला जो पाकिस्तान की अन्तरराष्ट्रीय साख और उसकी विश्वसनीयता पर सवाल उठाता है।

कारगिल के इस युद्ध में भारत के चार पराक्रमी योद्धाओं को परमवीर चक्र दिया गया, जिनमें दो अधिकारी वर्ग के हैं तो दो सैनिक हैं। इनमें से दो वीरों ने अपने प्राण भी गँवाए जिनमें से एक लेफ्टिनेंट मनोज कुमार पांडे हैं जिन्होंने खालूबार में अपने शौर्य का पराक्रम दिखाया।

मनोज कुमार पांडे का जन्म 25 जून 1975 सीतापुर जिले के रुधा गाँव में हुआ था। उनके पिता गोपीचन्द पांडे तथा उनकी माँ का नाम मोहिनी था। मनोज की शिक्षा सैनिक स्कूल लखनऊ में हुई और वहीं से उनमें अनुशासन भाव तथा देश प्रेम की भावना संचारित हुई जो उन्हें सम्मान के उत्कर्ष तक ले गई। वह शुरू से ही एक मेधावी छात्र थे और खेल-कूद में भी बड़े उत्साह से भाग लेते थे। दरअसल उनकी इस प्रकृति के मूल में उनकी माँ की प्रेरणा थी। वह इन्हें बचपन से ही वीरता तथा सद्चरित्र की कहानियाँ सुनाया करती थीं और वह मनोज का हौसला बढ़ाती थीं कि वह हमेशा सम्मान तथा यश पाकर लौटें।

मनोज की माँ का आशीर्वाद और मनोज का सपना सच हुआ और वह बतौर एक कमीशंड ऑफिसर 11th गोरखा राइफल्स की पहली बटालियन में पहुँच गए। उनकी तैनाती कश्मीर घाटी में हुई। ठीक अगले ही दिन उन्होंने अपने एक सीनियर सेकेन्ड लेफ्टिनेंट पी.एन. दत्ता के साथ एक महत्वपूर्ण जिम्मेदारी भरा काम पूरा किया। यही पी.एन दत्ता एक आतंकवादी गुट से मुठभेड़ में शहीद हो गए, और उन्हें अशोक चक्र प्राप्त हुआ जो भारत का युद्ध के अतिरिक्त बहादुरी भरे कारनामे के लिए दिया जाने वाला सबसे बड़ा इनाम है।

एक बार मनोज को एक टुकड़ी लेकर गश्त के लिए भेजा गया। उनके लौटने में बहुत देर हो गई। इससे सबको बहुत चिन्ता हुई। जब वह अपने कार्यक्रम से दो दिन देर कर के वापस आए तो उनके कमांडिंग ऑफिसर ने उनसे इस देर का कारण पूछा, तो उन्होंने जवाब दिया, 'हमें अपनी गश्त में उग्रवादी मिले ही नहीं तो हम आगे चलते ही चले गए, जब तक हमने उनका सामना नहीं कर लिया।'

इसी तरह, जब इनकी बटालियन को सियाचिन में तैनात होना था, तब मनोज युवा अफसरों की एक ट्रेनिंग पर थे। वह इस बात से परेशान हो गये कि इस ट्रेनिंग की वजह से वह सियाचिन नहीं जा पाएँगे। जब इस टुकड़ी को कठिनाई भरे काम को अंजाम देने का मौका आया, तो मनोज ने अपने कमांडिंग अफसर को लिखा कि अगर उनकी टुकड़ी उत्तरी ग्लेशियर की ओर जा रही हो तो उन्हें 'बाना चौकी' दी जाए और अगर कूच सेन्ट्रल ग्लेशियर की ओर हो, तो उन्हें 'पहलवान चौकी' मिले। यह दोनों चौकियाँ दरअसल बहुत कठिन प्रकार की हिम्मत की माँग करतीं हैं और यही मनोज चाहते थे। आखिर मनोज को लम्बे समय तक उन्नीस हजार सात सौ फीट ऊँची 'पहलवान चौकी' पर डटे रहने का मौका मिला, जहाँ इन्होंने पूरी हिम्मत और जोश के साथ काम किया।

लेफ्टिनेंट मनोज कुमार पांडे ने निर्णायक युद्ध के लिए 2-3 जुलाई 1999 को कूच किया जब उनकी 1/11 गोरखा राइफल्स की 'बी कम्पनी को खालूबार को फतह करने का जिम्मा सौंपा गया। मनोज पाँचवें नम्बर के प्लाटून कमाण्डर थे और उन्हें इस कम्पनी की अगुवाई करते हुए मोर्चे की ओर बढ़ना था। जैसे ही यह कम्पनी बढ़ी वैसे ही उनकी टुकड़ी को दोनों तरफ की पहाड़ियों से आती गोलियों की जबरदस्त बौछार का सामना करना पड़ा। वहाँ दुश्मन के बंकर बाकायदा बने हुए थे। अब मनोज का पहला काम उन बंकरों को तबाह करना था। उन्होंने तुरन्त हवलदार भीम बहादुर की टुकड़ी को आदेश दिया कि वह दाहिनी तरफ के दो बंकरों पर हमला करके उन्हें नाकाम कर दें और वह खुद बाएँ तरफ के चार बंकरों को नष्ट करने का जिम्मा लेकर चल पड़े।

मनोज ने निडर होकर हमला बोलना शुरू किया। और एक के बाद एक चार दुश्मन को मार गिराया। इस कार्यवाही में उनके कँधे और टाँगे तक घायल हो गईं अब वह तीसरे बंकर पर धावा बोल रहे थे। अपने घावों की परवाह किए बिना वह चौथे बंकर की ओर बढ़े। उन्होंने जोर से गोरखा पल्टन का हल्ला लगाया और चौथे बंकर की ओर एक हैण्ड ग्रेनेड फेंक दिया। तभी दुश्मन की एक मीडियम मशीन गन से छूटी हुई गोली उनके माथे पर लगी। उनके हाथ से फेंके हुए ग्रेनेड का निशाना अचूक रहा और ठीक चौथे बंकर पर लगा और उसे तबाह कर गया लेकिन लेफ्टिनेंट मनोज कुमार पांडे भी उसी समय धराशायी हो गए।

मनोज कुमार पांडेय की अगुवाई में की गई इस कार्यवाही में दुश्मन के ग्यारह जवान मारे गए और छह बंकर भारत की इस टुकड़ी के हाथ आ गए। उसके साथ ही हथियारों और गोलियों का बड़ा ज़खीरा भी मनोज की टुकड़ी के कब्जे में आ गया। उसमें एक एयर डिफैंस गन भी थी।

छह बंकर कब्जे में आ जाने के बाद तो फतह सामने ही थी और खालूबार भारत की सेना के अधिकार में आ गया था। मनोज पांडे की शहादत ने उनके जवानों को इतना उत्तेजित कर दिया था कि वह पूरी दृढ़ता और बहादुरी से दुश्मन पर टूट पड़े थे और विजयश्री हथिया ली थी।

लेफ्टिनेंट मनोज कुमार पांडे चौबीस वर्ष की उम्र जी कर देश को अपनी वीरता और हिम्मत का उदाहरण दे गए। भले ही उनके साथी कहते रहे कि उन्होंने कभी बचपन के आनन्द से मुँह नहीं मोड़ा, लेकिन देश के प्रति वह इतना गम्भीर समर्पण जी गए, जिसको कभी भुलाया नहीं जा सकेगा।

ग्रेनेडियर योगेन्द्र सिंह यादव

18 ग्रेनेडियर्स (नं. 2690572)

प्रशस्ति वाचन

3 जुलाई 1999 की रात को घटक प्लाटून को टाइगर हिल्स फतह करने की जिम्मेदारी सौंपी गई थी और ग्रेनेडियर योगेन्द्र सिंह यादव उस प्लाटून के अगुआ दल के सदस्य थे। उस चोटी पर जाने का रास्ता सीधी चढ़ाई वाला था। उस पर बर्फ जमी हुई थी और मार्ग पथरीला था। ग्रेनेडियर योगेन्द्र सिंह इस खतरे से बेपरवाह था और उसने स्वेच्छा पूर्वक इस दल में अगुवा के तौर पर शामिल होना चुना था। चढ़ाई का काम शुरू करने के लिए उसने रस्सा फँसा कर तैयारी कर ली थी।

इस दल को देखकर दुश्मन ने आटोमेटिक बन्दूक से गोलियों की बौछार शुरू की, बमबारी की और रॉकेट दागे, जिससे इस दल का कमांडर, दो सैनिकों समेत मारा गया और दल को रूक जाना पड़ा। स्थिति की गम्भीरता को देख कर योगेन्द्र सिंह चुपचाप रेंगता हुआ दुश्मन के ठिकाने पर पहुँच गया कि वह उन्हें खामोश कर दे। इस कारनामें में उसे गोलियों की बौछार से काफी चोट आई। ग्रेनेडियर यादव ने इस बात की परवाह नहीं की और दुश्मन की तरफ बढ़ता रहा। उसकी ओर से भी जबरदस्त गोलियाँ चल रही थीं और बमबारी हो रही थी। वहाँ पहुँच कर यादव ने आमने-सामने की मुठभेड़ की और दुश्मन के चार सैनिकों को मारकर आटोमेटिक फायरिंग को खामोश कर दिया।

उनका शरीर गोलियों से छलनी था, फिर भी उन्होंने रण से जाने का सुझाव नहीं माना और वह दुश्मन से मुठभेड़ में जुटे रहे। उनके इस बहादुरी भरे आदर्श ने उनके दल के लोगों में भी जबरदस्त जोश भरा और दूसरी तरफ से हमला करके उन्होंने टाइगर हिल पर कब्जा कर लिया।

ग्रेनेडियर योगेन्द्र सिंह यादव ने बेहद हिम्मत और अदम्य बहादुरी का कारनामा पूरी दृढ़ता के साथ उस समय प्रदर्शित किया, जब स्थितियाँ बेहद कठिन थीं।

गज़ट ऑफ इण्डिया नोटिफिकेशन
नं. 16 प्रेस/2000

शौर्य गाथा

मई-जुलाई 1999 में हुई भारत और पाकिस्तान की कारगिल की लड़ाई वैसे तो हमेशा की तरह, भारत की विजय के साथ खत्म हुई, लेकिन उसे बहुत अर्थों में एक विशिष्ट युद्ध कहा जा सकता है। एक तो यह कि, यह लड़ाई पाकिस्तान की कुटिल छवि को एक बार फिर सामने लाने वाली कही जा सकती है। पाकिस्तान इस लड़ाई की योजना के साथ कई वर्षों से जाँच परख भरी तैयारी कर रहा था, भले ही ऊपरी तौर पर वह खुद को शान्ति वाहक बताने से भी चूक नहीं रहा था।

दूसरी ओर, यह लड़ाई बेहद कठिन मोर्चे पर लड़ी गई थी। तंग संकरी पगडंडी जैसे पथरीले रास्ते, और बर्फ से ढकी पहाड़ की चोटियाँ। यह ऐसे माहौल की लड़ाई थी, जिसकी हमारे सैनिक सामान्यतः उम्मीद नहीं कर सकते थे, दूसरी तरफ, पाकिस्तान के सैनिकों को इस दुश्वार जगह युद्ध का अभ्यास न जाने कब से दिलाया जा रहा था।

इस युद्ध में भारत के चार योद्धाओं को परमवीर चक्र दिए गए, जिनमें से दो योद्धा इसे पाने से पहले ही वीरगति को प्राप्त हो गए। सम्मान सहित स्वयं उपस्थित होकर जिन दो बहादुरों ने यह परमवीर चक्र पाया, उनमें से एक थे ग्रेनेडियर योगेन्द्र सिंह यादव, जो 18 ग्रेनेडियर्स में नियुक्त थे।

योगेन्द्र सिंह का जन्म 10 मई 1980 को बुलन्दशहर उत्तर प्रदेश के औरंगाबाद गाँव में हुआ था। उनके पिता करन सिंह यादव भी एक भूतपूर्व सैनिक थे। वह कुमायूँ रेजिमेंट से जुड़े हुए थे और उन्होंने 1965 तथा 1971 की लड़ाइयों में हिस्सा लिया था।

पिता के इस पराक्रम के कारण योगेन्द्र सिंह यादव तथा उनके बड़े भाई जितेन्द्र, दोनों फौज में जाने को लालायित थे। दोनों के अरमान पूरे हुए। बड़े भाई जितेन्द्र सिंह यादव आर्टिलरी कमान में गए और योगेन्द्र सिंह यादव ग्रेनेडियर बन गए।

योगेन्द्र सिंह यादव जब सेना में नियुक्त हुए तब उनकी उम्र केवल सोलह वर्ष पाँच महीने की थी। उन्नीस वर्ष की आयु में वह परमवीर चक्र विजेता बन गए। उन्होंने यह पराक्रम कारगिल की लड़ाई में टाइगर हिल के मोर्चे पर दिखाया।

कारगिल की लड़ाई में पाकिस्तान का मंसूबा कश्मीर को लद्दाख से काट देने का था, जिसमें वह श्रीनगर-लेह मार्ग को बाधित करके कारगिल को एकदम अलग-थलग कर देना चाहते थे, ताकि भारत का सियाचिन से सम्पर्क मार्ग टूट जाए इस तरह पाकिस्तान का यह मंसूबा भी कश्मीर पर ही दांव लगाने के लिए था। टाइगर हिल इसी पर्वत श्रेणी का एक हिस्सा था।

द्रास क्षेत्र में स्थित टाइगर हिल का महत्व इस दृष्टि से था कि यहाँ से राष्ट्रीय राज मार्ग 1A पर नियन्त्रण रखा जा सकता था। इस राज मार्ग पर अपना प्रभाव बनाए रखने के लिए पाकिस्तानी फौजों ने अपनी जड़ें मजबूती से जमा रखी थीं

और उनका वहाँ हथियारों और गोलाबारूद का काफी जखीरा पहुँचा हुआ था।

भारत के लिए इस ठिकाने से दुश्मन को हटाना बहुत जरूरी था। टाइगर हिल को उत्तरी, दक्षिणी तथा पूर्वी दिशाओं से भारत की 8 सिख रेजिमेंट ने पहले ही अलग कर लिया था और उसका यह काम 21 मई को ही पूरा हो चुका था। पश्चिम दिशा से ऐसा करना दो कारणों से नहीं हुआ था। पहला तो यह, कि वह हिस्सा नियन्त्रण रेखा के उस पार पड़ता था, जिसे पार करना भारतीय सेना के लिए शिमला समझौते के अनुसार प्रतिबन्धित था, लेकिन पाकिस्तान ने उस समझौते का उलंघन कर लिया था। दूसरा कारण यह था कि अब पूरी रिज पर दुश्मन घात लगा कर बैठ चुका था। ऐसी हालत में भारत के पास आक्रमण ही सिर्फ एक रास्ता बचा था।

3-4 जुलाई 1999 की रात को 18 ग्रेनेडियर्स को यह जिम्मा सौंपा गया कि वह पूरब की तरफ से टाइगर हिल को कब्जे में करें। उसके लिए वह 8 सिख बटालियन को साथ ले लें। इसी तरह 8 सिख बटालियन को भी यह जिम्मा सौंपा गया कि वह हमले का दबाव दक्षिण तथा उत्तर से बनाए रखें और इस तरह टाइगर हिल को पश्चिम की तरफ से अलग-थलग कर दें।

रात साढ़े आठ बजे टाइगर हिल पर आक्रमण का सिलसिला शुरू किया गया। 4 जुलाई 1999 को आधी रात के बाद डेढ़ बजे 18 ग्रेनेडियर्स ने टाइगर हिल के एक हिस्से पर अपना कब्जा जमा लिया। इसी तरह सुबह 4.00 बजे तक 8 सिख बटालियन ने भी अपने हमलों का दबाव बनाते हुए पश्चिमी छोर से टाइगर हिल के महत्वपूर्ण ठिकाने अपने काबू में कर लिए और पाँच जुलाई को यह मोर्चा काफी हद तक फतह हो गया।

इस बीच 18 ग्रेनेडियर्स ने अपने हमले जारी रखे और भारी प्रतिरोध के बावजूद टाइगर हिल को पूरी तरह हथियाने का काम चलता रहा। 8 सिख बटालियन पाकिस्तानी फौजों के जवाबी हमले नाकामयाब करती रहीं और इस तरह 11 जुलाई को टाइगर हिल पूरी तरह भारत के कब्जे में आ गया।

3-4 जुलाई 1999 से शुरू होकर 11 जुलाई 1999 तक चलने वाला विजय अभियान इतना सरल नहीं था और उसकी सफलता में ग्रेनेडियर योगेन्द्र सिंह यादव का बड़ा योगदान है। ग्रेनेडियर यादव की कमांडो प्लाटून 'घटक' कहलाती थी। उसके पास टाइगर हिल पर कब्जा करने के क्रम में लक्ष्य यह था कि वह ऊपरी चोटी पर बने दुश्मन के तीन बंकर काबू करके अपने कब्जे में ले। इस काम को अंजाम देने के लिए 16,500 फीट ऊँची बर्फ से ढकी, सीधी चढ़ाई वाली चोटी पार करना जरूरी था। इस बहादुरी और जोखिम भरे काम को करने का जिम्मा स्वेच्छापूर्वक योगेन्द्र ने लिया और अपना रस्सा उठाकर अभियान पर चल पड़े।

वह आधी ऊँचाई पर ही पहुँचे थे कि दुश्मन के बंकर से मशीनगन गोलियाँ उगलने लगीं और उनके दागे गए राकेट से भारत की इस टुकड़ी का प्लाटून कमांडर तथा उनके दो साथी मारे गए। स्थिति की गम्भीरता को समझकर योगेन्द्र सिंह ने जिम्मा संभाला और आगे बढ़ते चले गए। दुश्मन की गोलाबारी जारी थी। योगेन्द्र सिंह लगातार ऊपर की ओर बढ़ रहे थे कि तभी एक गोली उनके कँधे पर और दो गोलियाँ उनकी जाँघ के ऊपर पेट के पास लगीं लेकिन वह रुके नहीं और बढ़ते ही रहे। उनके सामने अभी खड़ी ऊँचाई के साठ फीट और बचे थे। उन्होंने हिम्मत करके वह चढ़ाई पूरी की और दुश्मन के बंकर की ओर रेंगकर गए और एक ग्रेनेड फेंक कर उनके चार सैनिकों को वहीं ढेर कर दिया। अपने घावों की परवाह किए बिना यादव ने दूसरे बंकर की ओर रुख किया और उधर भी ग्रेनेड फेंक दिया। उस निशाने पर भी पाकिस्तान के तीन जवान आए और उनका काम तमाम हो गया। तभी उनके पीछे आ रही टुकड़ी उनसे आ कर मिल गई। आमने-सामने की मुठभेड़ शुरू हो चुकी थी और उस मुठभेड़ में बचे-खुचे जवान भी टाइगर हिल की भेंट चढ़ गए। टाइगर हिल फतह हो गया था और उसमें ग्रेनेडियर योगेन्द्र सिंह का बड़ा योगदान था।

अपनी वीरता के लिए ग्रेनेडियर योगेन्द्र सिंह ने परमवीर चक्र का सम्मान पाया और वह अपने प्राण देश के भविष्य के लिए भी बचा कर रखने में सफल हुए यह उनका ही नहीं देश का भी सौभाग्य है।

राइफल मैन संजय कुमार

13 जम्मू एण्ड कश्मीर राइफल्स (नं. 13760533)

प्रशस्ति वाचन

4 जुलाई 1999 को मुश्कोह घाटी में ठिकाना नं 4875 फ्लैट प्वाइंट पर हमला करने के लिए जो दल गठित किया गया, राइफल मैन संजय कुमार ने इच्छा प्रकट की, कि वह उसकी अगुवाई करे। हमले के दौरान जब दुश्मन की आटोमेटिक गन की बौछार ने एक रास्ते से आगे बढ़ना मुश्किल कर दिया, और संजय की टुकड़ी को रुकना पड़ा, तब संजय को स्थिति की गम्भीरता का एहसास हुआ और वह अपनी जान की परवाह किए बिना दुश्मन की फौज पर टूट पड़ा। आमने-सामने की मुठभेड़ में उसने दुश्मन के तीन सिपाहियों को ढेर कर दिया। इस कार्यवाही में वह खुद भी काफी घायल हो गए।

खुद घायल होने के बावजूद राइफल मैन संजय कुमार ने दूसरे छोर से दुश्मन पर हमला किया। इस अचानक हमले से बौखला कर दुश्मन एक यूनीवर्सल मशीनगन छोड़कर भागा। संजय ने वह यूनीवर्सल मशीनगन उठाई और उस से दुश्मन पर गोलियों की बौछार शुरू कर दी। उस समय उनके जिस्म से लगातार खून बह रहा था, लेकिन उन्होंने रण से बाहर जाने की किसी भी राय को ठुकरा दिया और डटे रहे। राइफल मैन संजय के इस बहादुरी भरे कारनामे को देखकर उसके साथी भी जोश से भर गए और उन्होंने दुश्मन को हार का रास्ता दिखाते हुए फ्लैट टॉप प्वाइंट पर अपना कब्जा जमा लिया।

राइफल मैन संजय कुमार ने इस तरह बेहद बहादुरी भरा कारनामा दिखाया। उन्होंने अपनी धैर्यपूर्ण हिम्मत का उदाहरण पेश किया और भारतीय सेना के सामने दुश्मन का मुकाबला करने का एक आदर्श प्रस्तुत किया।

गज़ट ऑफ इण्डिया नोटिफिकेशन
नं. 16 प्रेस/2000

कारगिल की लड़ाई जो 1999 में मई से जुलाई तक लड़ी गई, वह तीसरी लड़ाई थी, जिसमें पाकिस्तान ने कश्मीर को हड़पने के चक्कर में हार का मुँह देखा था। भारत के 13 जम्मू तथा कश्मीर राइफल्स के जवान राइफल मैन संजय कुमार ने इस युद्ध में जो पराक्रम दिखाया वह दुश्मन को उसके मंसूबे में मात दे गया। इसके लिए संजय को भारत सरकार की ओर से परमवीर चक्र प्रदान किया गया।

संजय कुमार मुश्कोह घाटी में चौकी नम्बर 4875 पर लड़ रहे थे। भारतीय सेना के इतिहास में इसी ठिकाने पर एक नई बात दर्ज की गई कि इसी मोर्चे पर दो सेनानियों को परमवीर चक्र प्रदान किया गया। एक तो राइफल मैन संजय कुमार तथा दूसरे कैप्टन विक्रम बत्रा। विक्रम बत्रा भी 13 जम्मू एण्ड कश्मीर राइफल्स में तैनात थे। उन्हें यह सम्मान मरणोपरान्त दिया गया था।

4 जुलाई 1999 को फ्लैट टॉप प्वाइंट 4875 की ओर कूच करने के लिए राइफल मैन संजय कुमार ने इच्छा प्रकट की कि वह अपनी टुकड़ी के साथ अगली पंक्ति में रहेंगे। यह मोर्चा मुश्कोह घाटी में एक महत्वपूर्ण ठिकाने पर था तथा राष्ट्रीय राजमार्ग 1A के पास था। यह राज मार्ग करीब 30-40 किलोमीटर तक इस फ्लैट टॉप से निगरानी में रहता था और द्रास से मातायन को जोड़ता था। इस ठिकाने से कभी भी इस राज मार्ग पर गुजरने वाले दुश्मन पर गोलियाँ बरसाई जा सकती थीं। इसलिए यह बेहद जरूरी था कि यहाँ से दुश्मन को खदेड़ कर इस पर कब्जा किया जाए। इस ठिकाने पर फतह किए बिना द्रास के हैलीपैड पर हैलीकाप्टर उतारना सीधे-सीधे दुश्मन के निशाने पर आना था, इसलिए यह ठिकाना 4875 भारत के लिए एक जरूरी चुनौती था।

4 जुलाई 1999 को राइफल मैन संजय कुमार जब हमले के लिए आगे बढ़े तो एक जगह से दुश्मन की ओटोमेटिक गन ने जबरदस्त गोलीबारी शुरू कर दी और टुकड़ी का आगे बढ़ना कठिन हो गया। ऐसे में स्थिति की गम्भीरता को देखते हुए राइफल मैन संजय कुमार ने तय किया कि उस ठिकाने को अचानक हमले से खामोश करा दिया जाए। इस इरादे से संजय ने यकायक उस जगह हमला करके आमने-सामने की मुठभेड़ में तीन दुश्मनों को मार गिराया और उसी जोश में गोलाबारी करते हुए दूसरे ठिकाने की ओर बढ़े। राइफल मैन इस मुठभेड़ में खुद भी लहू लुहान हो गए थे, लेकिन अपनी ओर से बेपरवाह वह दुश्मन पर टूट पड़े।

इस एकदम आकस्मिक आक्रमण से दुश्मन बौखला कर भाग खड़ा हुआ और इस भगदड़ में दुश्मन अपनी यूनीवर्सल मशीनगन भी छोड़ गया। संजय कुमार ने वह गन भी हथियाई और उससे दुश्मन का ही सफाया शुरू कर दिया।

संजय के इस चमत्कारिक कारनामे को देखकर उसकी टुकड़ी के दूसरे जवान बहुत उत्साहित हुए और उन्होंने बेहद फुर्ती से दुश्मन के दूसरे ठिकानों पर धावा बोल दिया। इस दौर में संजय कुमार खून से लथपथ हो गए थे लेकिन वह रण छोड़ने को तैयार नहीं थे और वह तब तक दुश्मन से जूझते रहे थे, जब तक वह प्वाइंट फ्लैट टॉप दुश्मन से पूरी तरह खाली नहीं हो गया।

इस तरह राइफल मैन संजय कुमार ने अपने अभियान में जीत हासिल की और भारत सरकार की ओर से उन्हें परमवीर चक्र से सम्मानित किया गया।

इस बहादुर योद्धा का जन्म बिलासपुर हिमाचल प्रदेश के एक गाँव में हुआ था उनकी प्रारम्भिक शिक्षा गाँव के स्कूल में ही हुई लेकिन उनकी आँखों में फौज में ही जाने का सपना बसता था।

संजय कुमार के चाचा फौज में थे और उन्होंने 1965 में पाकिस्तान के खिलाफ लड़ाई लड़ी थी। गाँव में दूसरे लोग भी थे, जो कभी फौज में रहे थे। वे लोग फौजी बहादुरी के किस्से सुनाकर गाँव के युवकों को उत्साहित करते रहते थे। उन्हीं युवकों में संजय कुमार भी थे।

मैट्रिक पास करने के तुरन्त बाद संजय ने इधर-उधर से यह पता करना शुरू कर दिया कि उसे फौज में कैसे जगह मिल सकती है। अपनी इस कोशिश में संजय एक दिन कामयाब हुए और आखिर 26 जुलाई 1996 को उनका फौज में आने का सपना पूरा हो गया।

फौज में आकर संजय की बहादुरी को पँख लग गए और तीन वर्ष में ही संजय ने परमवीर चक्र जैसा सर्वोच्च सम्मान पा लिया। इसके लिए संजय 18 से 20 हजार फीट ऊँची बर्फ की चोटी पर युद्धरत रहे और दुश्मन को हराने में उन्होंने अपने प्राणों की परवाह नहीं की।

कारगिल की लड़ाई हार कर पाकिस्तान के मंसूबे पर फिर एक बार पानी फिर गया। इस लड़ाई की योजना पाकिस्तान के पास बहुत लम्बे समय से पक रही थी। वर्ष 1987 में, जब जिया उल हक पाकिस्तान की सर्वोच्च सत्ता में थे, तभी यह योजना बनाई गई थी। उस समय कारगिल हमले की योजना थी। बारीक जाँच परख जनरल याकूब खाँ ने की थी और जिया को इसकी खामियों के बारे में बताया था। 1994 में इस फितूर ने फिर सिर उठाया था। 1997 में जब जनरल परवेज़ मुशर्रफ कमान में थे तब भी इसे लागू करने का इरादा बना था और परवेज़ मुशर्रफ खुद उसे अंज़ाम देने के लिए तैयार थे।

योजना थी कि 1998 में इस कार्यक्रम को कार्यान्वित किया जाएगा लेकिन तत्कालीन जहाँगीर करामात ने, जो कि पाकिस्तानी फौज के प्रमुख थे, इस पर अपनी असहमति व्यक्त कर दी थी। उनकी इस गुस्ताखी की सजा उन्हें मिली थी और

वह अपने पद से हटा दिए गए थे। उनके हटने के के बाद नवाज शरीफ परवेज़ मुशर्रफ को नया सेना प्रमुख बना कर लाए और तभी 1998 से इस दिशा में पाकिस्तान ने कार्यवाही शुरू कर दी।

पाकिस्तान कारगिल की लड़ाई से यह चाहता था कि कश्मीर को लद्दाख से अलग कर दिया जाए जिसमें वह श्रीनगर-लेह राष्ट्रीय राजमार्ग को बाधित करके सफल हो सकता था। वह कारगिल को भी श्रीनगर से काट देना चाहता था, युद्ध जिसका एक तरीका था और पाकिस्तान भारत का जुड़ाव सियाचिन से भी रोक देना चाहता था। उसकी नजर में इस सब के लिए उसके पास पक्की योजना थी।

अपनी कार्यवाही को उस दौर में धार दे रहा था जब भारत पाकिस्तान से शान्तिवार्ता का वातावरण बना रहा था। प्रधानमन्त्री अटलबिहारी वाजपेयी लाहौर तक बस सेवा शुरू कर चुके थे। पाकिस्तान का दिखावा इस सब में शामिल होने का भी था। दूसरी ओर उसकी सेनाएँ नियन्त्रण रेखा के पास आक्रमण के लिए जम रही थीं उसके सैनिकों को ऊँची पहाड़ियों पर युद्ध के लिए विशेष ट्रेनिंग दी जा रही थी। यह सारी कसरत मुशर्रफ के आते ही अक्टूबर 1998 से ही शुरू हो गई थी। नियन्त्रण रेखा पर जम्मू में मानावर से गुरेज तक भारतीय सेना की तैनाती और गश्त की पूरी चौकसी थी लेकिन वह हिस्सा, जो मुश्कोह घाटी, द्रास, काक्सर तथा बटालिक का है, जहाँ कारगिल की लड़ाई लड़ी गई, वहाँ दस से पैंतालीस किलोमीटर तक के खुले हुए रास्ते थे, जिन पर किसी भी तरफ से कोई चौकसी नहीं थी। दरअसल, यह क्षेत्र इतना दुर्गम तथा कठिनाई भरा है कि दोनों ही तरफ से सेनाओं की चौकसी यहाँ केवल गर्मी के मौसम में रखी जाती है। सर्दियों में यहाँ बर्फानी तूफान तथा भयंकर बर्फबारी का माहौल रहता है।

पाकिस्तान की इस योजना में एक चाल यह भी थी कि प्रकट रूप से, न तो वह कोई घुसपैठ थी, न ही कोई सीमा अतिक्रमण। उसने तो केवल अपनी सेनाएँ तैनात की थीं। भारतीय सेनाएँ एवं भारत सरकार तो भौंचक तब रह गए थे, जब पाकिस्तान ने शिमला समझौते का उल्लंघन करते हुए 1972 में स्थापित नियन्त्रण रेखा को पार करके युद्ध शुरू कर दिया था। इस युद्ध की शुरुआत करीब-करीब मई 1999 से हो गई थी, जब उसने इस नियन्त्रण रेखा के चार से आठ किलोमीटर भीतर तक अपनी सेनाएँ लाकर खड़ी कर दी थीं। भारत इस ओर से बेखबर था, वह तो 6 मई 1999 को स्थानीय चरवाहों ने पाकिस्तानी फौजों का जमावड़ा देखकर हलचल मचाई। भारत की फौजों को इस स्थिति का अंदाज होने में समय लगा। इस बीच गश्त के लिए भेजे गए जवान उधर से वापस नहीं लौटे। 10 जून 1999 को पाकिस्तान ने गश्ती दल के अगुवा तथा पाँच सैनिकों के क्षत-विक्षत शव भारत को सौंपे। दरअसल यह लड़ाई की शुरुआत का एक पैगाम था जो भारत तक पहुँचाया

गया था। पाकिस्तानी हुक्मरान और सेना इस बात के लिए पूरी तरह निश्चिंत थी कि उसकी रणनीति और योजना अजेय है। उसकी घुसपैठ स्पष्ट थी लेकिन पाकिस्तान इस बात को राजनैतिक स्तर पर स्वीकार करने को तैयार नहीं था कि वह जमावड़ा पाक सेना का है। उसने यही हवाला दिया कि वे सब कश्मीर के लोग हैं, जो भारत से कश्मीर को आजाद कराना चाहते हैं।

भारत ने इस सारी कार्यवाही को युद्ध के रूप में बहुत धैर्य से और काफी बाद में स्वीकार किया लेकिन जब नौबत आ ही गई तो भारतीय सेनाएँ शत्रु पर टूट पड़ीं और उन्हें नाकों चने चबवा दिए। एक बार फिर पाकिस्तान को पराजय का मुँह देखना पड़ा।

इस युद्ध ने चार बहादुर सैनिकों को परमवीर चक्र से सम्मानित होने का अवसर दिया। इनमें दो अधिकारी थे और दो जवान। इन चार सौभाग्यशाली सेनानियों में दो तो वीरगति को प्राप्त हुए लेकिन दो जीवित भी बच रहे कि उनके प्राण देश के लिए फिर कभी काम आएँ। राइफल मैन संजय कुमार उन्हीं में से एक थे, जो मात्र तीन वर्ष सेना में रह कर यह सम्मान पा सके और आज भी सेना में कार्यरत हैं।

❑❑❑